프로크리에이트
기본부터 제작까지

아이패드
드로잉
굿즈
만들기

일러두기

- 본 도서는 아이패드 미니5, 애플펜슬 1로 작업하였습니다. 사용 기기마다 작업 환경이 조금 다를 수 있습니다.
- 본 도서의 작업 환경은 프로크리에이트 5X 버전으로 제작되었습니다.
  프로그램은 업데이트 환경에 따라 달라질 수 있습니다.
- 굿즈 제작 앱의 저장 사항은 업체마다 다르니 해당 업체의 권장 사항을 따라주세요.
- 일부 프로그램명이나 제품명은 시중에 통용되는 단어로 표기하였습니다.

프로크리에이트
기본 부터 제작까지

아이패드
드 로 잉
굿 ― 즈
만 들 기

아이패드 드로잉
시작하기

프로크리에이트
요럴 땐 요렇게

나만의 콘텐츠로
굿즈 만들기

 김진하 지음

영진미디어

CONTENTS

1장   아이패드 드로잉 시작하기

01   아이패드 드로잉을 시작하기 전에   12

02   스케치북 이용하기   18

2장   프로크리에이트 요럴 땐 요렇게

01   프로크리에이트   34

02   커스텀 브러시   46

03   색상   64

04   레이어   76

05   복습하기   96

06   드로잉 퀄리티 UP   108

3장   나만의 콘텐츠로 굿즈 만들기

아이패드 앱으로 굿즈 만들기   126

01   엽서팩   128

02   아크릴 키링   132

03   판스티커   138

04   포토버튼   142

05   폰 케이스   146

06   반팔 티셔츠   150

07   머그컵   154

08   에어팟 프로 케이스   158

아이패드로 이모티콘 만들기   164

01   네이버 블로그 스티커   168

02   카카오 이모티콘   186

PROLOGUE

그림을 그리기 위해 아이패드를 사볼까?
아이패드를 샀으니 그림을 그려볼까?

저는 두 가지 고민을 모두 가진 사람 중 한 명이었어요. 여행할 때
아이패드를 들고 다니면서 그림을 그려보고 싶은 마음에 걱정 반 설렘
반으로 아이패드를 구입하여 기뻤던 것도 잠시, 처음에는 종이에 그리던
것과는 전혀 다른 느낌에 적응이 되지 않았던 적도 있었어요.
그래도 '이왕 샀으니 아이패드로 그림을 그려봐야지.'라는 마음으로
유튜브 강좌나 블로그를 읽으면서 하나씩 배웠던 때가 생각납니다.
지금은 아이패드로 그림을 그리는 것은 물론 영상 편집도 하고 영화와
책도 보는 등 이제는 노트북보다도 더 많은 시간을 함께하고 있어요.

이 책은 아이패드 드로잉을 처음 시작하시는 분들께 무료 앱으로 가볍게
발을 내딛고, 관심이 생긴다면 더 다양한 기능이 있는 유료 앱을 사용할
수 있도록 구성했습니다. 또한 드로잉을 넘어서 스티커, 폰 케이스, 엽서
등의 굿즈를 앱으로 주문하여 매우 간단하게 아이패드만을 가지고 그림을
굿즈로 제작하는 방법도 담았어요. 화면 속에만 있던 내가 그린 그림이
직접 사용하는 제품으로 만들어진 모습을 보면 누구라도 아이패드 드로잉
매력에 푹 빠지게 될 것이라 생각합니다.

담당자님과 함께 어떻게 하면 아이패드를 좀 더 다양하게 쓸 수 있을지
여러 날을 고민하고 회의한 끝에 나온 많은 정보를 아낌없이 적어보았어요.
이 책을 통해 여러분들의 일상생활에 즐거운 시간이 더욱 많이 늘어났으면
좋겠습니다.

아이패드 드로잉을 함께 배워볼 부캐 곰돌이 코코를 소개합니다. 음악을
들으며 그림 그리기를 좋아하는 귀여운 코코는 본문 곳곳에 등장해서
차근차근 예제를 따라 할 수 있도록 도와줍니다.
아이패드 드로잉, 어렵지 않아요. 저와 함께할까요?

김진하

1장

아이패드
드 로 잉
시작하기

아이패드 드로잉을
시작하기 전에

어떤 아이패드를 골라야 할까?

가장 화면이 크고 최상위 모델을 찾을 때:
아이패드 프로

아이패드의 최상위 모델로 화면 크기와 저장 용량이 가장 큰
제품이에요. 높은 가격과 고성능으로 주로 디자이너와
크리에이터 등 전문적인 기술을 요구하는 직업을 가진 이들이
많이 사용합니다.

성능은 좋으면서 적당한 가격대의 모델을 찾을 때:
아이패드 에어

아이패드 프로보다 저렴하면서 성능은 좋은 모델입니다.
프로 모델과 같이 홈버튼이 없고 외장하드 연결이 가능합니다.
드로잉을 본격적으로 작업하는 경우에 가장 적합합니다.

화면은 크면서 기본 기능의 모델을 찾을 때:
아이패드

보급형 모델로 교육용이나 취미 생활로 사용하기에 가장 좋아요.
다만 디스플레이에 전면 '라미네이팅'과 '트루톤'이 탑재되어 있지
않아서 드로잉보다는 간단한 문서 작업 및 강의 듣기 등 일상에서
사용하는 용도로 적합한 모델입니다.

+
'라미네이팅'과 '트루톤'
'라미네이팅'은 내부 액정과 외부 액정 사이의 공간이 없게끔
만드는 기술입니다. 라미네이팅 처리가 되어 있으면 화면과
펜슬 사이에 공간이 없는 것처럼 느껴져 필기감이 좋아요.
또한 '트루톤'은 주변의 빛 상태에 따라 화면을 조절하여 눈을
편하게 하는 기능으로 두 기능 모두 아이패드 모델을 제외한
아이패드 프로, 에어, 미니 모델에 탑재되어 있습니다.

휴대성이 좋고 저렴한 모델을 찾을 때:
아이패드 미니

화면이 가장 작고 무게가 가벼워서 휴대성이 좋은 모델이에요.
가격은 저렴하지만 디스플레이에 '라미네이팅'과 '트루톤'이
탑재되어 있습니다.

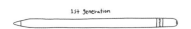

애플펜슬 1세대

충전은 아이패드 밑면에 있는 충전 단자에 직접 꽂아서 해야
합니다. 충전 시 애플펜슬 뚜껑의 분실 위험이 있으니 주의합니다.

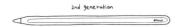

애플펜슬 2세대

연필 같은 그립감과 가벼워진 무게. 유광에서 무광으로 바뀌어
1세대와 외형에도 차이가 있어요. 아이패드 옆면에 자석으로 붙일
수 있어 무선 충전이 가능합니다.

> +
> 애플펜슬 1세대, 2세대는 호환되는 아이패드가 달라요.
> 그렇기에 아이패드를 먼저 결정한 후에
> 기기에 맞는 애플펜슬을 찾아보세요.

저자의 아이패드는?

저는 '아이패드 미니5(64GB) + 애플펜슬 1세대'를 사용하고
있어요. 언제 어디서든 그림을 편하게 그리기 위해 '휴대성'을
목적으로 아이패드 미니를 선택했어요. 다만 최근 들어 영상
편집도 함께하면서 64GB의 저장공간이 부족하다고 느껴져요.
영상 편집도 할 예정이라면 더 큰 용량인 256GB를 추천해요.

드로잉 앱은 무엇이 있을까?

어도비 프레스코
Adobe Fresco
(부분 유료)

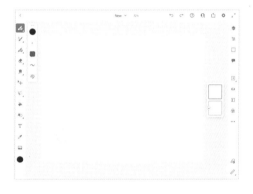

'어도비 프레스코'는 어도비에서 나온 드로잉
앱으로, 아이패드 용 포토샵과 호환이 가능하며
벡터 브러시가 있는 것이 가장 큰 특징입니다.
기본 기능은 무료이나, 다양한 브러시 다운로드
등 업그레이드된 기능은 유료로 사용할 수
있습니다.

프로크리에이트
Procreate
(유료)

'프로크리에이트'는 유료 드로잉 앱으로 한 번
결제하면 영구적으로 사용이 가능해요. 아이패드
드로잉 앱으로 가장 유명합니다. 다양한 기능 외에
가장 큰 장점은 세계적으로 많은 사람이 사용하는
만큼 전문적인 유튜브 강의도 다양하게 올라와
있어서 활용도가 높아요. 그렇기에 대부분의 아이패드
드로잉 수업은 프로크리에이트로 진행되고 있습니다.
본문에서도 프로크리에트 사용 방법을 자세히
알아보겠습니다.

메디방 페인트
Medibang Paint
(무료)

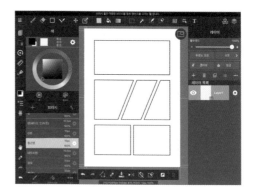

'메디방 페인트'는 칸 분할 기능이 있어 일러스트 및
만화 제작이 가능한 무료 드로잉 앱입니다. 무료인
것에 비해 많은 기능이 있는 장점도 있지만 작은
아이패드 화면에 비해 옵션 및 툴이 많아서 초보자가
접하기에는 쉽지 않을 수 있어요.

스케치북
Sketchbook
(부분 유료)

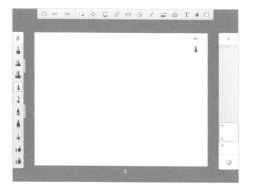

스케치북은 다양한 브러시가 내장되어 있으며,
세부 옵션 조정이 가능합니다. 유료로 프리미엄
업그레이드를 할 수 있으나, 무료 버전에서도
다른 유료 앱만큼 많은 기능을 사용할 수
있습니다. 다만 해상도와 컬러모드를 설정할 수
없습니다.

클립 스튜디오 페인트
CLIP STUDIO PAINT
(유료)

'클립 스튜디오 페인트'는 웹툰을 그릴 때 많이
사용하는 것으로 유명한 드로잉 앱이에요. PC 버전과
별개로 아이패드 버전은 따로 월간 또는 연간 결제를
해야 하는 단점이 있어요. 다양한 브러시 및 기능이
있고 만화를 그리는 데 최적화되어 있어 전문가들이
많이 사용합니다.

아마지오그래프
Amaziograph
(유료)

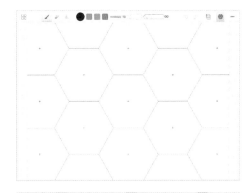

'아마지오그래프'는 패턴을 쉽게 그릴 수 있는 유료
드로잉 앱입니다. 다운로드 시 한 번만 결제하면
됩니다. 거울, 만다라, 육각형 등 11가지 패턴을 적용할
수 있고 하나의 모티브만 그리면 같은 그림으로
패턴화되어 반복되는 이미지를 만들 때 유용합니다.

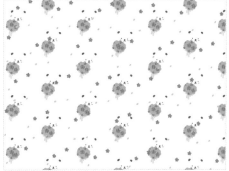

타야수이 스케치
Tayasui Sketches
(부분 유료)

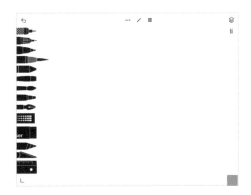

'타야수이 스케치'의 무료 버전은 많은 기능이
제한적인 체험판 느낌이고 유료 결제 시 제대로 된 앱
사용이 가능해요. 화면이 매우 심플하며 브러시 모양을
보고 고를 수 있는 것이 특징입니다. 이 앱에만 있는
귀여운 기능이 있는데요. 소리를 켜고 캔버스에 그림을
그리면 브러시마다 다른 소리가 들려요.

'스케치북'과 함께 드로잉 입문용으로 추천해요.
다만 무료 버전에서는 레이어를 추가할 수 없어요.

스케치북 이용하기

한눈에 보는 화면 구성

기본 도구 · 실행 취소 · 되살리기 · 선택 · 변환 · 채우기 · 가이드 · 대칭 · 도형 그리기 · 예측 스트로크 · 이미지 가져오기 · 투시 가이드 · 자동 숨기기 · 글자 · 지속 촬영 · 전체 화면

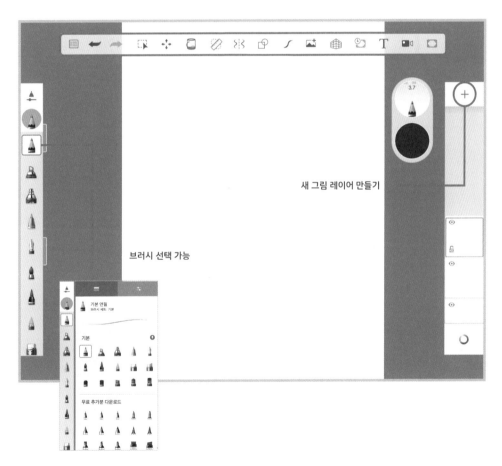

새 그림 레이어 만들기

브러시 선택 가능

기본 연필
브러시 세트: 기본

기본

무료 추가분 다운로드

브러시

브러시 선택하기

브러시를 선택한 후, 상단 오른쪽을 누르고 [기본]으로 들어가면 크기와 불투명도를 조절할 수 있습니다.
[고급]을 누르면 펜 압력같은 기능도 조절이 가능합니다. 혹은 화면에 떠 있는 브러시 아이콘을 눌러도 같은
화면을 볼 수 있습니다.

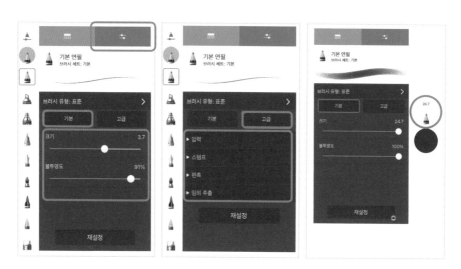

추천 브러시

기본 > 기본 연필

기존 > 페인트 브레시

텍스쳐 필수사항 > 서명잉크

일반 > 페인트 브러시 3

기본 브러시인 기본 연필, 페인트 브러시와 질감 브러시인 '서명잉크', '페인트 브러시 3'을 많이 사용합니다.

브러시 크기

40.4   ▶ 크기: 40.4   ▶ 크기: 61.1   60.6

브러시 투명도

40.4   ▾ 흐름: 100%   ▾ 흐름: 52%   60.6

색상 채도

32.5   ▶ 채도: 100.00   ▶ 채도: 45.70   ◀ 채도: 0.00

색상 광도

32.5   ▲ 광도: 100.00   ▾ 광도: 0.00

브러시 설정

미니 아이콘(Brush Puck)으로 브러시의 크기, 투명도 및 색상 채도와 광도를 간단하게 설정할 수 있습니다.

브러시 종류

총 184개의 다양한 브러시가 내장되어 있어서 원하는 질감을 골라 사용할 수 있습니다.

기본

예술

스머지

무료 추가분 다운로드

하프 톤

디자이너 브러시

기본

텍스처

아티스트

텍스처 필수 사항

모양

파스텔

합성 페인트

뿌리기

무색

일반

글로우

색상

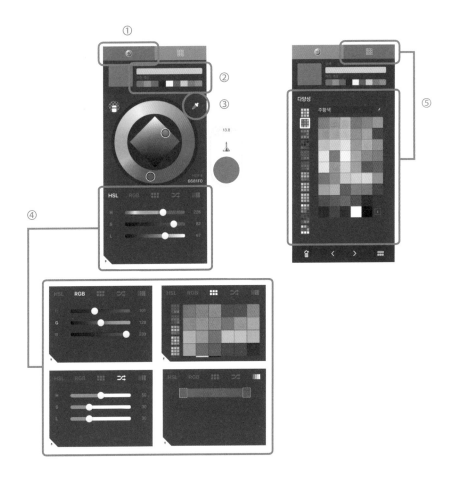

[왼쪽 휠]

① 색상을 볼 수 있습니다.

② 선택한 색상의 보색을 볼 수 있으며,
   이전에 썼던 색상의 히스토리가 나옵니다.

③ 스포이드로 원하는 색상을 선택합니다.

④ HSL(색조, 채도, 밝기 조절),
   RGB(Red, Green, Blue), 컬러 팔레트,
   색상 랜덤화, 컬러 슬라이더입니다.

[오른쪽 팔레트 휠]

⑤ 컬러 팔레트가 나옵니다.

스케치북으로 그림 그리기

앞에서 스케치북의 화면 구성과 브러시를 살펴보았습니다.
간단한 그림을 그려보며 전체 기능을 설명하겠습니다.

❶ 앱스토어에서 다운로드
받은 '스케치북'을
열어주세요.

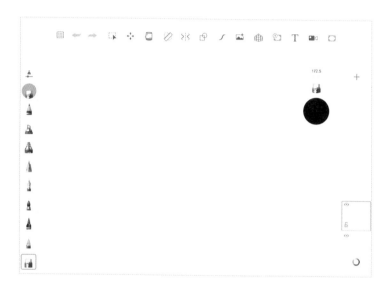

❷ [목록 > 새 스케치]를
눌러주세요.

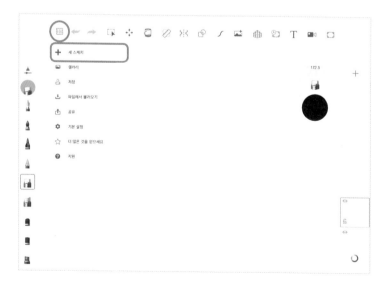

❸
원하는 아트보드의
크기를 선택해 줍니다.
[+]에서 직접 픽셀
수치를 입력할 수 있고,
오른쪽 [목록] 아이콘을
누르면 지정되 있는
사이즈를 선택 할 수
있습니다.
본 예제에서는
[사각 1080×1080]
아트보드를
선택합니다.

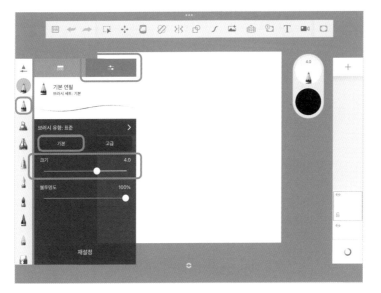

❹
스케치를 위해
'기본 연필'을 선택한 후
[속성 > 기본 > 크기]로
브러시의 크기를
4.0으로 조정합니다.

⑤ 대략적인 밑그림을
그립니다.

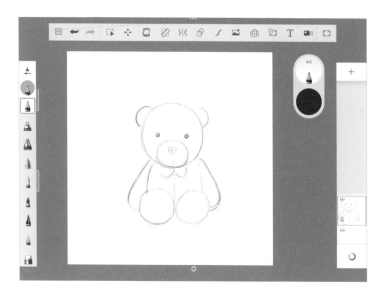

⑥ 그림을 그리다 지우고
싶은 부분이 생긴다면
왼쪽 하단에 있는
'질감 있는 지우개'로
지워주세요.

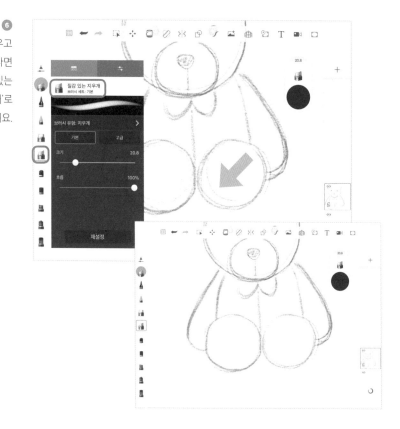

7 스케치한 레이어를
한 번 클릭하여
불투명도를
조절합니다.

8 레이어의
[+]를 클릭하여
추가로 레이어를
만들어주세요.

⑨ 이제 깔끔하게 선을 그어보겠습니다. 아무 브러시나 선택한 뒤, [브러시 라이브러리]로 들어가서 [일반 > 펠트] 를 눌러주세요. 원하는 브러시로 변경해도 됩니다.

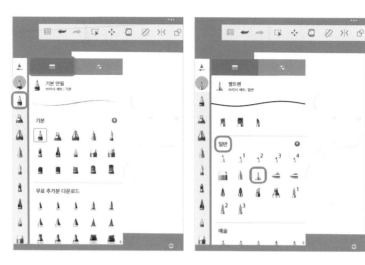

⑩ 밑그림을 따라 선을 그려줍니다.

⑪ 눈 아이콘을 눌러 밑그림을 보이지 않게 해줍니다.

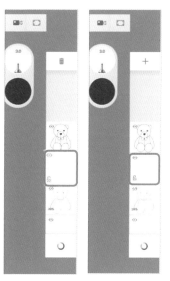

⓬
[+]를 눌러 새 레이어를
만들고, 레이어를
꾹 누르고 드래그하여
선 레이어 밑으로
이동합니다.

⓭
면을 칠하기 위해
[초크 파스텔] 브러시를
선택했습니다.
미니 아이콘을 이용해
색상과 크기를
정합니다.

14 곰돌이의 몸을 칠해
줍니다.

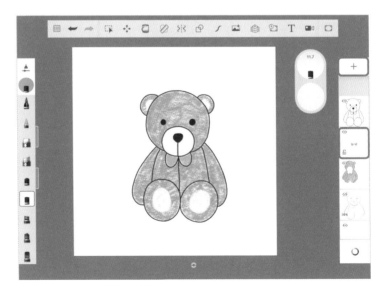

15 새 레이어를 추가하여
나머지 색을 칠해
줍니다.

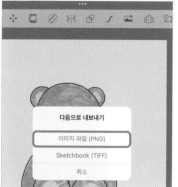

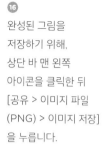
완성된 그림을
저장하기 위해,
상단 바 맨 왼쪽
아이콘을 클릭한 뒤
[공유 > 이미지 파일
(PNG) > 이미지 저장]
을 누릅니다.

⑰
아이패드 [갤러리]
에서 저장된 그림이
보입니다.

2장

프로크리에이트
요럴 땐 요렇게

———

프로크리에이트

아이패드 드로잉 앱 중 가장 많이 사랑받는
프로크리에이트 사용 방법을 함께 알아보겠습니다.

———

● ○ ○ ○ ○ ○

프로크리에이트 시작하기

① 앱스토어에서 '프로크리에이트'를 다운로드 받고 열었을 때 첫 화면입니다. 오른쪽 상단의 [+]를 눌러 새로운 캔버스를 만들 수 있어요. 프로크리에이트에서 기본으로 제공하는 사이즈 외에 새로운 캔버스를 만들고 싶다면 새로운 캔버스 우측에 파일 모양의 아이콘을 클릭해 주세요.

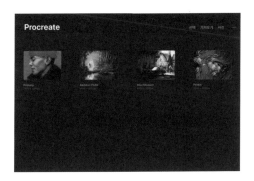 

② [제목 없는 캔버스]를 누르면 캔버스 이름을 변경할 수 있어요. [크기]에서 너비와 높이는 단위를 선택하여 수치를 적을 수 있어요. 또한 dpi(해상도)도 직접 적을 수 있는데, 보통 [인쇄: 300dpi], [스크린: 72dpi]를 사용합니다. 다만 캔버스 사이즈가 크거나 해상도가 높을수록 해당 캔버스에서 만들 수 있는 레이어 수가 줄어드니 참고하세요.

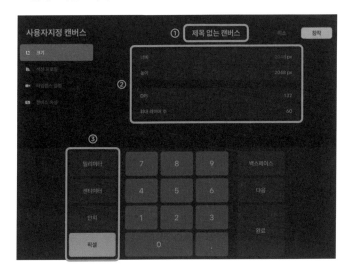

❸ [색상 프로필]에서는 RGB 모드와
CMYK 모드를 선택할 수 있어요. 원하는
옵션을 선택한 후 [창작] 버튼을 터치하면
새 캔버스가 만들어집니다.

❹ 캔버스를 만들면 처음 보이는 화면입니다. 손가락 두 개를 화면에 올리고 꼬집듯이 손가락을 모으면 화면을
축소할 수 있고, 손가락을 벌리면 화면을 확대할 수 있어요.

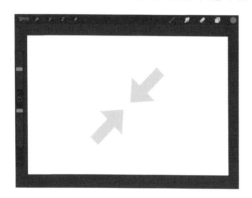 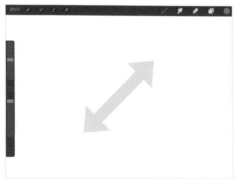

+
더 많은 손가락 제스처를 알고 싶다면 화면 왼쪽 상단의 [동작 > 도움말 > Procreate 핸드북]을 눌러보세요. 인터넷으로
연결되어 프로크리에이트 핸드북 페이지가 나옵니다. 화면에서 [Interface and Gestures > Gestures]로 들어가면
프로크리에이트의 다양한 손가락 제스처를 알아볼 수 있습니다.

한눈에 보는 화면 구성

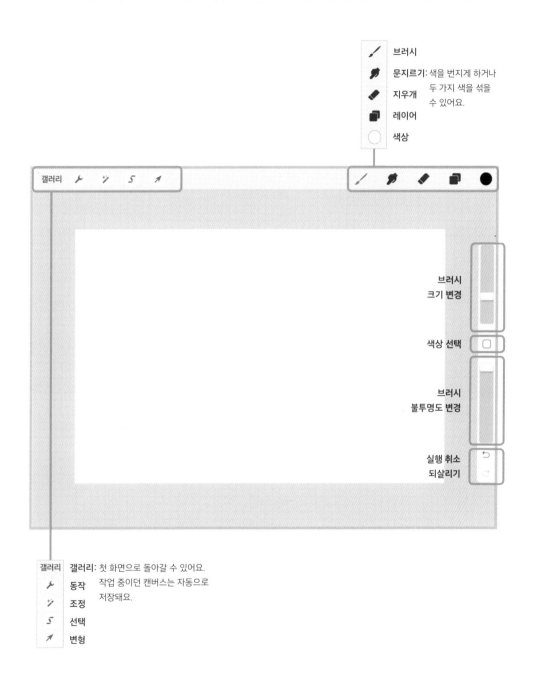

브러시

문지르기: 색을 번지게 하거나
두 가지 색을 섞을
수 있어요.

지우개

레이어

색상

갤러리

브러시
크기 변경

색상 선택

브러시
불투명도 변경

실행 취소
되살리기

갤러리

동작

조정

선택

변형

갤러리: 첫 화면으로 돌아갈 수 있어요.
작업 중이던 캔버스는 자동으로
저장돼요.

Q 화면이 어두운데, 밝게 만들 수 있나요?

A [동작 > 설정]에 들어가서 [밝은 인터페이스]를 활성화하면 화면이 밝아집니다.
어둡게 하고 싶다면 반대로 비활성화하면 됩니다.

Q 크기, 불투명도 조절하는 [사이드 바]를 옮길 수 있나요?

A [동작 > 설정]에 들어가서 [오른손잡이 인터페이스]를 오른쪽으로 밀어
활성화하면 [사이드 바]를 오른쪽에 놓을 수 있어요.

브러시

프로크리에이트는 기본 브러시의 종류도 많을 뿐만 아니라, 옵션을 조절하여
다른 종류의 브러시를 만들 수 있습니다.

종류

인터페이스 오른쪽 상단에 브러시 모양 아이콘을 클릭하면 기본으로 제공된 [브러시 라이브러리]를 볼 수 있어요.
브러시는 스케치, 잉크, 그리기 등의 18개의 카테고리가 있고, 그 안에 다양한 종류의 브러시가 있어요. 본문에서는
간단한 캐릭터 그림을 주로 그리기 때문에 이 중에서 자주 사용하는 기본 브러시 세 가지를 소개합니다.

밑그림을 그릴 때: 스케치 > 6B 연필

색을 칠할 때: 서예 > 모노라인

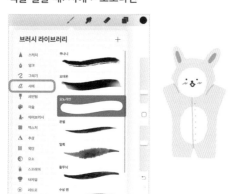

글씨를 쓸 때: 잉크 > 스튜디오 펜

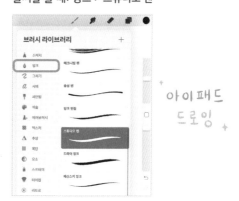

크기 변경

브러시 크기는 상단 슬라이더를 이용해서 변경합니다. 위로 올리면 브러시는 커지고, 아래로 내리면 브러시는 작아집니다.

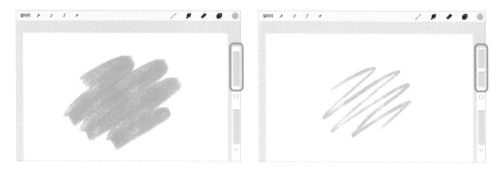

하단 슬라이더로 불투명도를 변경할 수 있어요. 슬라이더를 내리면 브러시의 불투명도가 내려갑니다.

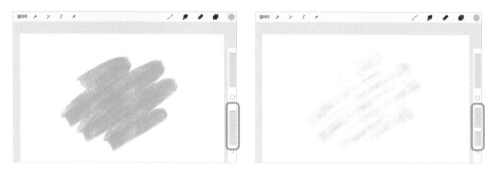

선 조정 1

프로크리에이트는 선을 그릴 때 유용한 기능이 하나 있어요. 선을 그으면 반듯한 선이 생기지 않아요. 이럴 때 선을 그은 뒤 애플펜슬을 떼지 않고 1~2초간 누르고 있으면 곧은 선이 만들어집니다.

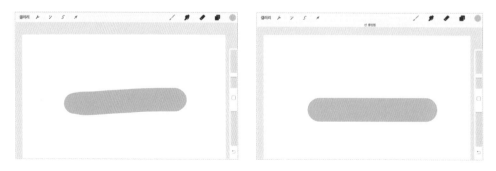

이 기능은 도형을 그릴 때에도 유용한데요. 원을 그리고 난 뒤 마찬가지로 애플펜슬을 떼지 않고 1~2초간 누르고 있으면 깔끔한 원이 됩니다.

여기서 타원이 아닌 가로, 세로 비율이 동일한 원을 만들고 싶다면 상단의 [모양 편집 > 원]을 선택하면 원의 모양을 조정할 수 있습니다.

선 조정 2

아래 그림을 보면 분홍색과 하늘색 선이 다른 게 느껴지시나요? 왼쪽은 반듯한 일직선으로 이루어져 있고, 오른쪽은 흔들리는 듯한 선으로 이루어져 있어요. 손떨림을 보정할 수 있는 방법이 있어요. 브러시 라이브러리의 브러시를 한 번 터치하여 [브러시 스튜디오]로 들어가 주세요. 예제 브러시: [서예 > 모노라인]

 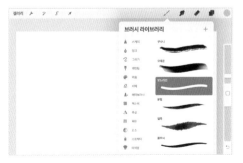

[획 경로]에서 [StreamLine]을 최대치로 변경하면 선 보정이 되어 매끄럽게 그려져요.

손그림 느낌이 나는 그림을 원한다면 [StreamLine] 값을 낮게 설정하면 됩니다. 같은 브러시라도 설정값을
조정하면 다른 느낌의 브러시로 사용할 수 있어요.

지우개

지우개도 색칠 브러시와 똑같이 브러시 종류를 선택할 수 있고 사용 방법도 동일해요.

Q 브러시를 100%로 키워 봐도 화면에 비해 너무 작아요.
더 크게 만들 수는 없나요?

A 브러시를 한 번 터치하면 브러시의 세부 옵션을 조절할 수 있는 [브러시
스튜디오]가 나옵니다. 여기서 [속성 > 브러시 특성] 중 [최대 크기] 수치를
늘려주면 브러시 크기를 키울 수 있습니다.

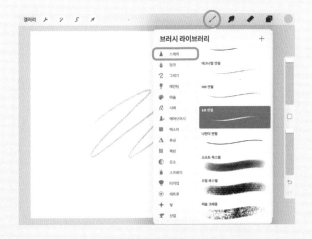

Q 브러시를 색칠할 때 브러시 커서가 보이지 않아요. 어떻게 설정하는 건가요?

A [동작 > 설정]에 들어가서 [브러시 커서]를 활성화하면 브러시 커서를 볼 수 있어요.

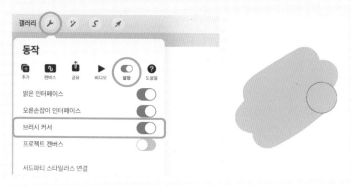

Q 애플펜슬로 그림을 그리는데, 화면에 손이 닿으면 색이 칠해져요. 애플펜슬만 인식하게 할 수 있나요?

A [동작 > 설정]에서 [제스처 제어]를 눌러주세요.

[일반 > 터치 동작 비활성화]를 오른쪽으로 밀어서 켜면 애플펜슬만 인식이 돼요.

A 아이패드 화면에 그리는 것과 종이에 그리는 것은 확실히 차이가 있어요.
선 조정 외에 실제 종이 그림과 차이를 줄일 수 있는 방법을 소개할게요.

① **밑그림을 그립니다:** 빈 화면에 선을 바로 그리는 것 보다 밑그림을 그리고
새 레이어를 만들어 밑그림을 따라 그리는 것이 훨씬 선을 깔끔하게 그릴 수
있어요. 본문에서도 이와 같은 이유로 예제를 그릴 때 꼭 밑그림을 그리고
시작합니다.

② **화면을 확대하여 천천히 선을 따라 그립니다:** 선을 한 번에 빠르게 그리려고
하면 원하는 대로 그려지지 않는 경우가 많아요. 화면을 적당히 확대한 후
천천히 밑그림을 따라 그리면 매끄러운 선을 그릴 수 있어요.

③ **'종이 질감 필름'을 부착합니다:** 아이패드 액정에 부착하여 종이와 같은
질감을 느낄 수 있도록 하는 필름입니다. 아이패드 기종 별로 사이즈가 다르게
나오며 애플펜슬이 미끄러지는 것을 방지하여 드로잉감 및 필기감이 훨씬
좋아집니다. 다만 디스플레이가 약간 뿌옇게 보이고 애플펜슬 펜촉의 마모가
빠르게 진행됩니다. 애플펜슬에 펜촉 보호 커버를 끼워서 미끄럼 및 펜촉 마모
방지를 하기도 해요.

02

커스텀 브러시

프로크리에이트 브러시의 장점은 기존 브러시로 원하는 브러시를 직접
만들 수 있다는 점이에요. 유용하게 사용하는 브러시 3종을 함께 만들면서 나만의 브러시를
제작하는 방법을 배워보고 응용해서 원하는 브러시를 만들어보세요.

새 브러시 그룹 만들기

❶ 커스텀 브러시는 따로 그룹을 만들어 기존 브러시와 섞이지 않게 관리하는 게 좋아요. [브러시 라이브러리]를
열어 스케치, 잉크, 그리기 등이 있는 [카테고리] 쪽을 아래로 잡아당기면, 맨 위에 파란색 [+] 버튼이 생겨요.

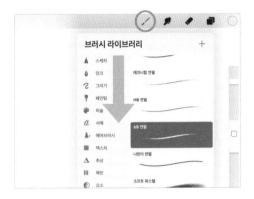

❷ [+] 버튼을 눌러 새 그룹(제목 없는 세트)이 생기면 이름을 [커스텀 브러시]로 바꿔주세요.

몽글몽글 브러시

'몽글몽글 브러시'는 기존 모노라인 브러시와 비슷한데요.
매끈한 모노라인 브러시와 달리 표면이 둥글둥글하게 표현되도록 만들어보겠습니다.

왼쪽 분홍색 그림은 '모노라인 브러시'로 그린 그림이고, 오른쪽 파란색 그림은 '몽글몽글 브러시'로 그려보았어요.
확대해서 보면 '몽글몽글 브러시'의 경계선이 둥글둥글하고 부들부들한 느낌이 듭니다.

모노라인 브러시

몽글몽글 브러시

몽글몽글 브러시 만들기

'몽글몽글 브러시'는 '모노라인 브러시'의 딱 한 가지 옵션만 변경하면 만들 수 있어요.

❶ [서예 > 모노라인 브러시]를 왼쪽으로 밀어 옵션 창을 연 뒤, [복제]해 주세요.

❷ 복제한 '모노라인 1' 브러시를 1초간 누르고 있으면 이동이 가능합니다. 꾹 누른 채로 새로 만든
　 [커스텀 브러시]로 끌어 옮겨와 주세요.

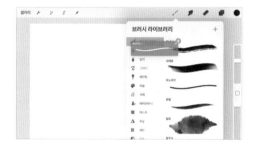

❸ 복사한 브러시를 한 번 터치해 [브러시 스튜디오]로 들어가 주세요. 다른 설정은 건들지 말고, [변동성 > 지터 >
　 크기] 값을 '30%'로 변경합니다. [지터 > 크기] 값에 따라서 몽글거리는 정도를 조절할 수 있어요.

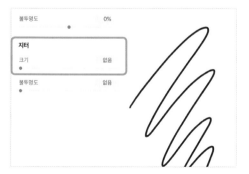
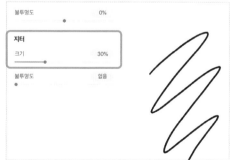

④ 브러시 크기가 너무 작다면 [속성]으로 들어가 [브러시 특성 > 최대 크기]를 키워주세요.

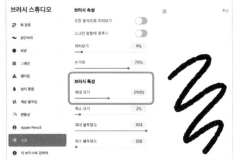

⑤ [이 브러시에 관하여]에서 복사한 브러시 이름 대신 [몽글몽글 브러시]로 수정합니다. [완료]를 누르면 커스텀
   브러시에 몽글몽글 브러시가 생성되었어요.

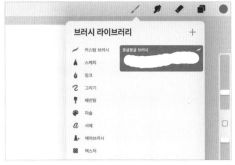

⑥ [몽글몽글 브러시]를 이용해 나만의 그림을 그립니다.

체크 패턴 브러시

'체크 패턴 브러시'는 배경이나 사물 등에 유용하게 사용하는 패턴 브러시예요.

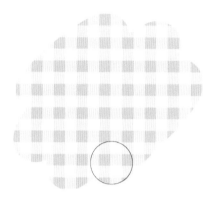

이번엔 브러시를 구성하는 요소 중에 질감을 표현하는 [브러시 스튜디오 > 그레인 > 그레인소스]를 이용하겠습니다. 난도는 살짝 높아졌지만 차근차근 따라 한다면 쉽게 만들 수 있어요!

체크 패턴 '그레인 소스' 만들기

① [1000×1000px, 72dpi / RGB > sRGB IEC61966-2.1]의 캔버스를 만들어주세요.

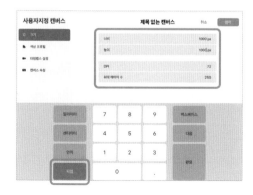

② [동작 > 캔버스]로 들어가 [그리기 가이드]를 오른쪽으로 밀어 활성화한 후, [편집 그리기 가이드]로
들어가 주세요.

③ 그리기 가이드에서 [대칭 > 옵션]으로 들어가 [사분면]을 선택한 후 [완료]를 누르면 캔버스에 사등분한
가이드가 생깁니다.

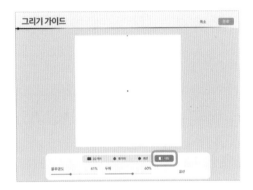 

④ [선택 > 직사각형]을 터치하고 세로로 긴 직사각형을 드래그하여 만들어주세요. 화면이 크면 손가락을 이용해
화면의 크기를 조절합니다.

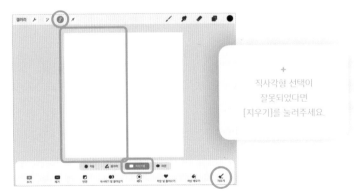

⑤ [색상 > 값]으로 들어가 RGB 값을 모두 '122'로 만든 후, 하단의 [색상 채우기]를 눌러 색을 채워주세요.

 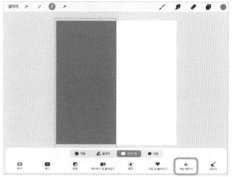

+
만약 반으로 똑같이 나누기 힘들 경우 [변형 > 스냅 > 자석과 스냅]을 오른쪽으로 밀어 활성화한 뒤, ④번과 같이 [선택]에서
직사각형을 만든 후(사각형을 드래그할 때 그리드보다 조금 넓게 선택해 주세요) 그리드에 맞춰 옮겨줍니다.

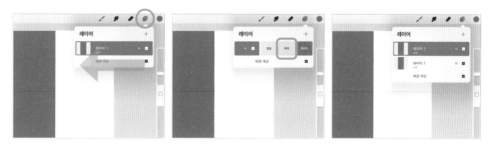

⑥ 레이어를 열어 [레이어 1]을 왼쪽으로 밀어 [복제]해 주세요.

커스텀 브러시

❼ [변형]을 선택한 다음, [균등 -45° 회전]을 두 번 눌러서 90° 회전해 주세요.

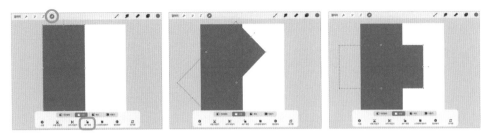

❽ [스냅] 설정 창을 열어서 [자석과 스냅]을 활성화한 후 90°로 회전한 직사각형을 위쪽으로 옮겨주세요.

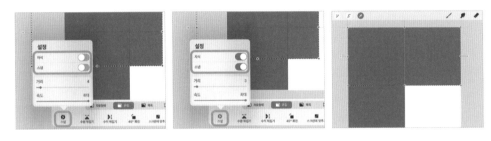

❾ 그다음 레이어 창을 열고 [N]을 눌러 블렌드 모드에서 [보통]을 [선형 번]으로 바꿔주세요.

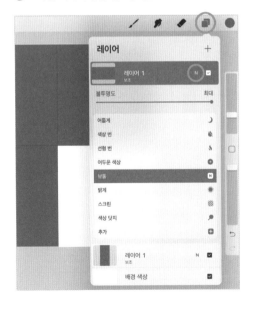
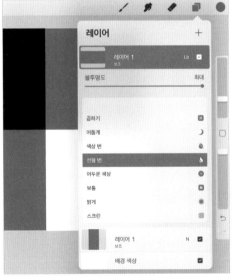

⑩ 체크 패턴 그레인 소스가 완성되었습니다. [동작 > 공유 > JPEG]로 [이미지 저장]해 주세요.

체크 패턴 '브러시' 만들기

① 위의 그레인 소스를 작업한 캔버스나 새로운 캔버스를 열어 작업해도 상관 없습니다. [서예 > 모노라인
브러시]를 왼쪽으로 밀어 옵션 창을 연 뒤, [복제]해 주세요.

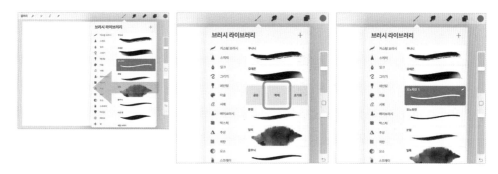

② 복제한 모노라인 브러시를 1초간 누르고 있으면 이동이 가능합니다. 꾹 누른 채로 새로 만든 [커스텀 브러시]로
끌어 옮겨와 주세요.

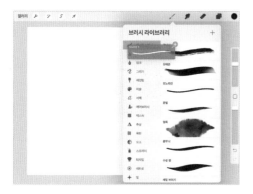

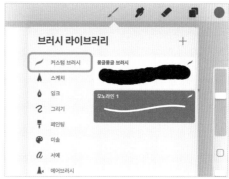

③ 복제한 브러시를 한 번 터치하여 [브러시 스튜디오]로 들어간 뒤, [속성]에서 브러시 특성 중 [최대 크기]를 키워주세요.

④ [그레인 > 그레인 소스 > 편집]으로 들어가 주세요.

⑤ [가져오기 > 사진 가져오기]로 만들었던 체크 패턴 그레인 소스를 가져온 뒤 [완료]를 눌러주세요.

⑥ 그레인 특성의 [동선]을 [텍스처화]로 바꿔주세요.

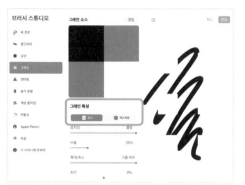 

⑦ [비율] 값을 조절하여 패턴의 크기를 변경할 수 있어요.

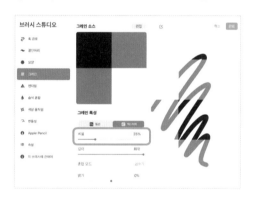 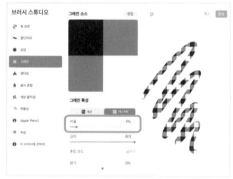

⑧ [이 브러시에 관하여]로 들어가 이름을 [체크 패턴 브러시]로 바꿔준 뒤 [완료]를 누르면 브러시 완성!

+

체크 패턴 브러시는 흰색 부분이 투명으로 설정되어 있습니다. 배경 색상을 깔면 체크 무늬의 흰색은 배경 색상으로 보여요. 그레인 소스에서 설정한 검은색은 선택한 브러시의 색상이 100%로 보이고, 회색은 명도를 조정하여 불투명도 조절이 가능합니다.

  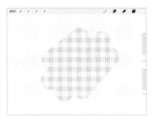

❾ '체크 패턴 브러시'를 이용해 다양한 그림을 만들어보세요.

물방울 캘리 브러시

두 가지의 브러시를 병합하여 새로운 브러시를 만들어볼게요.
캘리그라피에 유용하게 사용하는 '물방울 캘리 브러시'를 만들면서 병합 기능을 연습해 보세요.

❶ 두 개의 브러시를 복제해 커스텀 브러시에 옮겨 시작하겠습니다. [잉크 > 스튜디오 펜]을 왼쪽으로 밀어 복제한
뒤 커스텀 브러시로 옮깁니다.

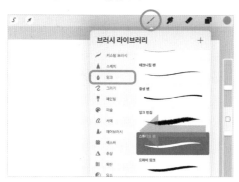

❷ [요소 > 눈보라] 브러시도 복제하여 커스텀 브러시로 이동합니다.

❸ [눈보라] 브러시는 흩뿌리는 느낌이라 그레인 소스를 동글동글한 물방울로 바꿔주려고 해요. 복제한
   [눈보라 1] 브러시를 터치하여 [브러시 스튜디오]로 들어와 [그레인 > 그레인 소스 > 편집]으로 들어가 주세요.

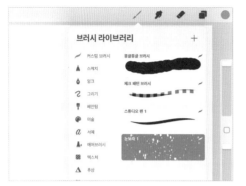 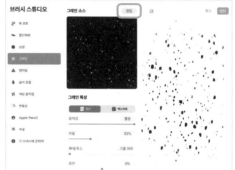

❹ [가져오기 > 소스 라이브러리]에서 기본으로 제공되는 소스 중 [Fine Hair]를 선택(혹은 검색) 후 [완료]를
   눌러주세요.

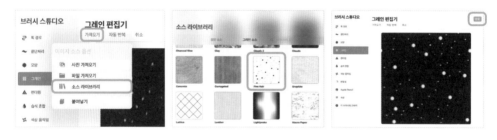

❺ 그레인 소스가 동글동글한 물방울 무늬로 바뀌었으면 [완료]를 눌러주세요.

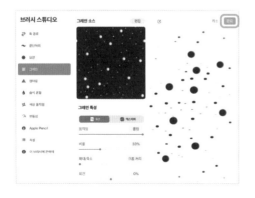 

⑥ 이제부터 브러시를 병합할게요. 중요한 건 브러시를 선택하는 순서입니다. 가장 기본 바탕이 될 브러시인 [스튜디오 펜 1]을 먼저 터치한 후, 무늬로 넣을 [눈보라 1]을 왼쪽에서 오른쪽으로 밀면 두 개의 브러시가 함께 선택됩니다. 두 가지 브러시가 선택되면 위에 [병합]이라는 메뉴가 떠요. 터치하면 두 개의 브러시가 병합됩니다.

⑦ 병합한 브러시를 한 번 터치하여 [브러시 스튜디오]로 들어가면 두 개의 브러시가 합쳐진 것을 볼 수 있어요. 왼쪽 상단의 브러시 박스를 한 번 터치하면 [혼합 모드]를 변경할 수 있는 창이 떠요.

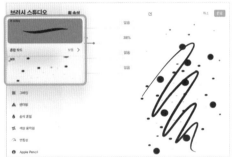

⑧ 혼합 모드의 [보통]을 터치하면 나오는 옵션들 중에서 [빼기]로 바꿔주세요. 화면 아무 곳이나 두 번 터치하여 빠져나옵니다.

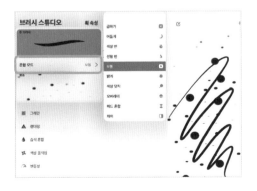

⑨ 왼쪽 상단의 브러시 박스에서 아래쪽에 있는 눈보라 브러시를 한 번 터치해 주세요. 그 다음 [그레인 > 비율]을 변경하면 물방울 무늬의 크기를 변경할 수 있어요.

⑩ [이 브러시에 관하여]로 들어가 이름을 [물방울 캘리 브러시]로 바꿔주면 완성!

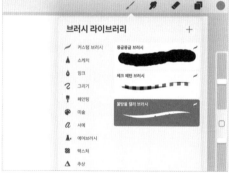

+ 물방울 캘리 브러시의 물방울 무늬는 흰색이 아니라 뚫려 있어요. 바탕색에 따라 물방울 색이 바뀝니다.

⑪ '물방울 캘리 브러시'를 이용해 글씨를 쓰고, 그림에도 활용해 보세요.

① [동작 > 도움말 > Procreate 포트폴리오]를 눌러주세요.

② 프로크리에이트 사이트에서 [Discussions > Resources]로 들어가면 공유 팔레트, 브러시, 텍스처 등의 소스를 다운로드 받을 수 있는 게시판이 보여요. 여기서 [Any Tag]를 [Brushes]로 선택하면 브러시를 볼 수 있어요.

③ 마음에 드는 브러시를 다운로드 받아보세요.

03

색상

프로크리에이트에서는
RGB 모드와 CMYK 모드를 선택할 수 있어요.

RGB와 CMYK 설정

RGB

RGB는 디지털 이미지에 사용하는 색상 모드로 Red, Green, Blue의 조합이에요. 캔버스를 처음 만들 때 색 모드를 설정할 수 있고 인터페이스의 [색상 > 값]으로 들어가면 색의 RGB 값을 확인할 수 있어요.

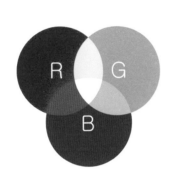

RGB 모드에는 6가지의 색상 프로필이 있습니다. RGB에서는 [Display P3]와 [sRGB IEC61966-2.1]를 가장 많이 사용합니다. 추천하는 색상 프로필은 두 번째에 있는 [sRGB IEC61966-2.1]입니다.

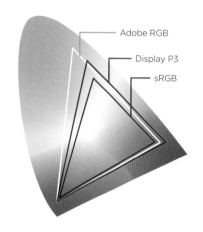

Adobe RGB
Display P3
sRGB

이를 이해하기 위해 간단하게 RGB 색 공간(Color Space)에 대해 설명을 해보려고 해요.

[sRGB]

거의 대부분의 기기들이 기본적으로 지원하는 표준색입니다.

[Display P3]

애플이 [DCI-P3]를 바탕으로 개발한 색 공간이에요. sRGB보다 훨씬 더 풍부한 색감을 표현할 수 있지만 P3 색 공간을 지원하는 기기 및 운영체제가 한정적이에요.

[Adobe RGB]

어도비가 제안한 색 공간으로 sRGB보다 더 넓은 색 영역을 표현할 수 있어요. 프린팅에 적합한 모드로 색을 정확하게 표현하기 위해서는 모니터와 프린터에 따라 작업 환경을 맞춰야 합니다. [Adobe RGB]는 프로크리에이트는 지원하지 않는 색 공간이지만, 후에 어도비의 포토샵 및 일러스트레이터 작업이 필요하면 알아야 할 색 공간입니다.

> +
> 움직이는 이모티콘같은 GIF 파일의 경우
> Display P3보다는 sRGB를 사용해야
> 프로크리에이트 화면에서 보이는 것과 비슷한 색감의
> GIF을 만들 수 있습니다. Display P3로 제작할 경우
> GIF 파일로 저장 시 채도가 낮아져요.

Q 프로크리에이트와 어도비 포토샵 & 일러스트레이터의 색상 프로필을 맞추고
싶은 경우 어떻게 하나요?

A 프로크리에이트에서 그림을 그리고 포토샵이나 일러스트레이터로 굿즈를
만들거나, 후반 작업이 필요한 경우가 생길 수 있어요. 그럴 때는 두 개의
프로그램에 하나의 색상 프로필로 맞춰 놓으면 좀 더 편하게 작업이
가능합니다.

① 프로크리에이트에서 색상 프로필은 두 번째에 있는 [sRGB IEC61966-2.1]
으로 선택해 주세요.

프로크리에이트

② 어도비 포토샵에서는 [Edit > Color Settings]으로 들어가 주세요.
기본적으로는 [Adobe RGB (1998)]로 되어 있을 수 있어요.

포토샵

③ [RGB] 색상 프로필을 클릭하면 다른 프로필로 조정할 수 있는데, 여기서 프로크리에이트와 동일한 [sRGB IEC61966-2.1]를 선택해 주세요.

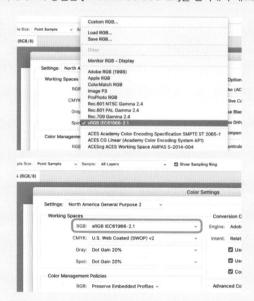

④ 어도비 일러스트레이터에서도 동일하게 [Edit > Color Settings]로 들어가 RGB를 [sRGB IEC61966-2.1]로 선택하면 됩니다.

일러스트레이터

CMYK

CMYK는 인쇄에 사용하는 색상 모드로 Cyan, Magenta, Yellow, K:black의 조합입니다. 인터페이스의
[색상 > 값]으로 들어가면 색의 CMYK 값을 확인할 수 있어요.

프로크리에이트의 CMYK 모드는 총 11개의 색상 프로필을 지원하고 있습니다. 가장 아쉬운 점은 어도비
프로그램에서 기본 셋팅된 CMYK 모드는 [U.S. Web Coated (SWOP) v2]인데 프로크리에이트에선 지원하지
않습니다. 색상 프로필은 인쇄하려는 용지에 따라, 국가별로 설정을 달리하고 있지만 본문에서는 가장 대중적인
[U.S. Web Coated (SWOP) v2]를 다운로드하여 사용하겠습니다.

프로크리에이트   포토샵

색상의 여러 기능

색상 프로필 한눈에 보기

화면의 상단의 맨 오른쪽에 있는 원을 클릭하면 색상을 선택할 수 있는 옵션이 나옵니다.

디스크

바깥쪽 링에서 색상을 선택한 뒤, 안쪽 링에서 채도를 변경할 수 있습니다. 동일한 채도에서 여러 색상을 선택하기에 좋습니다.

클래식

색상을 바로 선택하거나 아래에 있는 슬라이더로 색상, 채도, 명도를 조절할 수 있어요.

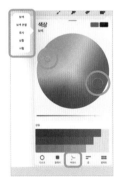

하모니

색상에 어울리는 조합을 선택할 수 있어요. 보색, 보색 분할, 유사, 삼합, 사합 모드가 있습니다.

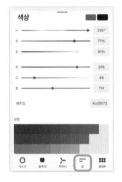

값

HSB값, RGB값, 16진값을 입력하여 색상을 선택할 수 있어요.

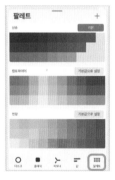

팔레트

마음에 드는 색상을 모아서 팔레트로 만들어요.

팔레트 만들기

팔레트에서 오른쪽 상단의 원형 아이콘을 터치하면 팔레트를 볼 수 있어요.

[+]를 터치하면 네 개의 새로운 팔레트를 만들 수 있습니다.

1. 새로운 팔레트 생성

비어 있는 팔레트를 만들어 원하는 색으로 채울 수 있어요. 팔레트를 왼쪽으로 밀면 [공유] 혹은 [삭제]가
가능합니다.

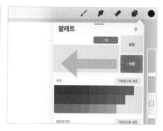

새로운 팔레트를 [기본값으로 설정]해 주세요. 원하는 색상을 고른 뒤, 아래의 빈 팔레트에 한 번 터치하면 색이
[추가]가 되고, 색상을 길게 1~2초간 누르고 있으면 [삭제]가 가능해요.

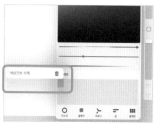

2. 카메라로 새로운 작업

카메라가 활성화되어 카메라로 찍은 사진에서 바로 색이 추출되어 팔레트로 만들어집니다.

3. 파일로 새로운 작업

다른 사람들이 만든 팔레트를 불러올 수 있어요.

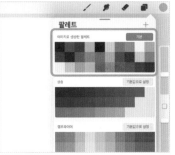

팔레트 다운로드 방법
p.74

4. 사진 앱으로 새로운 작업

사진첩에 저장된 사진을 불러오면 색이 자동으로 추출되어 팔레트에 저장됩니다.

스포이드 기능

화면에서 원하는 색을 선택할 수 있는 기능이에요. 두 가지 방법으로 사용할 수 있어요.

A 손으로 화면을 터치하여 색을 선택하는 방법

B 사이드 바 [□] 아이콘을 터치하여 선택하는 방법

+

만약 해당 기능을 사용할
수 없다면 [동작 >
설정 > 제스처 제어 >
스포이드툴]로 들어가서
해당 기능을 활성화하면
돼요.

컬러 드롭(Color Drop)

닫힌 선을 그린 후에 원하는 색을 선택하여 선 안으로 색상을 드래그하여 놓으면 선 안으로 한번에 색상이
채워지는 기능이에요.

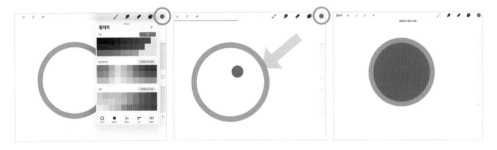

색상 고르기

그림을 그릴 때 가장 고민이 되는 건 그림 콘셉트에 알맞은 색상을 선택하는 일입니다. 이런 경우 유용하게 쓸 수 있는 팁 두 가지를 알려드립니다.

1. 색상 팔레트 다운로드

프로크리에이트에서 기본으로 제공하는 팔레트 외에 전 세계 사람들이 직접 만들어 공유하는 색상 팔레트를 다운로드 받을 수 있어요. [동작 > 도움말 > Procreate 포트폴리오]를 누르면 프로크리에이트 사이트가 열립니다. 여기서 [Discussions > Resources]로 들어가 주세요.

팔레트, 브러시, 텍스처 등의 소스를 다운로드 받을 수 있는 게시판이 보입니다. [AnyTag]를 [Swatches]로 선택하면 다양한 주제의 팔레트를 볼 수 있어요.

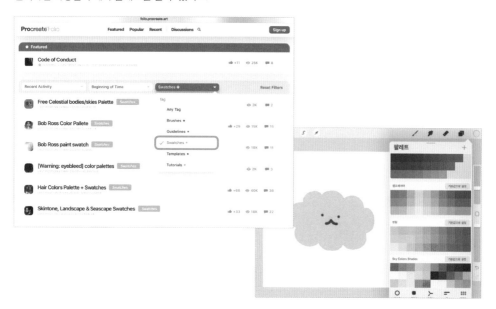

2. 색상 조합 사이트

배색을 자동으로 추천해 주는 사이트를 이용하는 방법도 있어요. 간단하게 4곳만 뽑았지만 더 많은 사이트가 있습니다. SNS에서 #colorpalette를 검색해서 다양한 색상 조합 팔레트를 만나보세요.

Color Hunt(www.colorhunt.co)

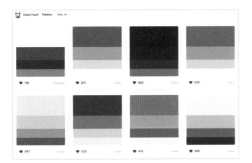

Color Drop(colordrop.io)

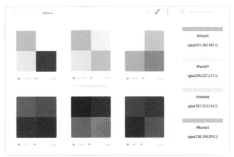

Colormind(colormind.io)

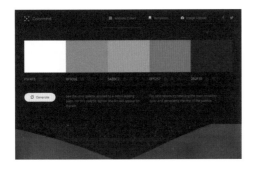

HELLO COLOR(jxnblk.github.io/hello-color)

+

색상을 가져올 때 컬러 코드인 #16진값을 프로크리에이트에 입력하면
훨씬 편하게 색상을 가져올 수 있어요.

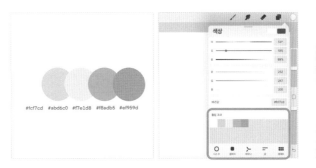

04

레이어

'레이어'는 쉽게 말해 '투명 필름'이라고 생각하면 좋습니다.
그림을 층층이 쌓아 올려 하나의 그림을 만들어요.

레이어

❶ 왼쪽 그림은 총 6개의 레이어를 추가해 그림을 그렸습니다.

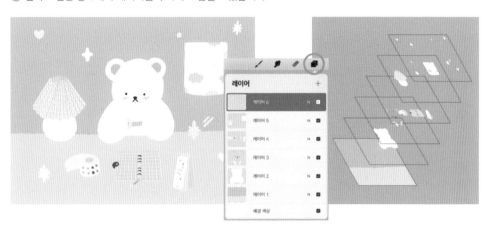

❷ 레이어의 장점은 부분 수정이 가능하다는 점이에요. 곰돌이 코코의 몸통을 다시 그리고 싶을 경우 몸통을 그린 레이어만 선택해서 지우고 수정할 수 있어요. 만약 하나의 레이어에 그림을 전부 그렸다면 수정할 부분을 지웠을 때 배경, 디테일까지 모두 지워지기 때문에 수정이 매우 번거로워져요. 레이어는 잘 활용하면 정말 유용합니다.

레이어를 수정하는 경우

전체를 수정하는 경우

오브젝트가 있는 레이어를 쉽게 찾는 방법

복잡한 그림을 그릴수록 레이어가 많아져요. 일일이 레이어 이름을 바꾸기 힘든 경우도 생깁니다.
그럴 때 내가 그림을 어느 레이어에 그렸는지 간단하게 찾는 방법이 있습니다.

❶ [동작 > 설정 > 제스처 제어]로 들어가서, [레이어 선택 > 터치 후 유지]를 오른쪽으로 활성화하고 [완료]를
눌러주세요.

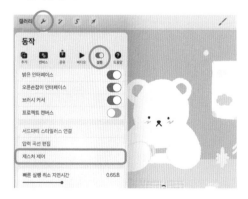

❷ 캔버스에서 레이어를 알고 싶은 오브젝트를 손가락으로 1초간 누르면 어떤 레이어인지 화면에 보입니다.

애플펜슬로 누르면 브러시가
선택되고, 손가락으로 누르면
레이어가 보입니다.

❸ '레이어 선택'과 '스포이드 툴' 기능은 함께 사용할 수 없어요. 레이어 선택 기능을 사용할 때는 사이드 바의
[□] 아이콘으로 스포이드 기능을 사용해야 합니다.

스포이드 p.73

❹ 레이어 선택 대신 스포이드 툴 기능을 활성화하고 싶다면 [동작 > 설정 > 제스처 제어]으로 들어가서
[스포이드 툴 > 터치 후 유지]를 오른쪽으로 밀어 활성화하고 [완료]를 눌러주세요.

레이어 사용하기

❶ 인터페이스 오른쪽 상단의 레이어 아이콘을 눌러 창을 열고 [+]를 누르면 [레이어 추가]를 할 수 있습니다.

❷ 손가락으로 레이어를 왼쪽으로 밀면 레이어 [잠금] [복제] [삭제]를 할 수 있어요.

❸ 반대로 레이어를 오른쪽으로 밀면 레이어가 선택됩니다. 여러 개의 레이어를 사용해서 그룹으로 묶고 싶을
때 아주 유용하게 사용할 수 있어요. 그룹으로 묶고자 하는 레이어를 하나씩 오른쪽으로 밀면서 선택한 다음,
오른쪽 상단에 있는 [그룹]을 터치하면 그룹으로 묶여요.

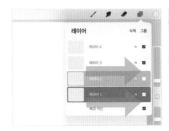 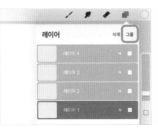 

레이어 옵션

레이어를 한 번 터치하면 왼쪽으로 레이어 옵션이 보이는데요. 레이어가 한 개일 때와
두 개 이상일 때 옵션 종류의 차이가 있습니다. 총 12가지의 레이어 옵션을 하나씩 살펴보면서 익혀보겠습니다.
레이어 옵션을 잘 알아두면 복잡한 그림도 훨씬 쉽게 그릴 수 있어요.

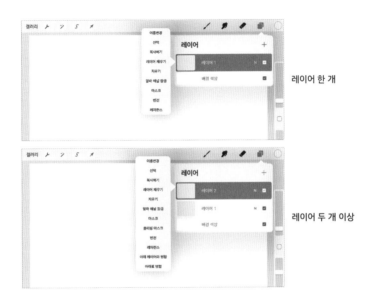

레이어 한 개

레이어 두 개 이상

이름변경

① 레이어 이름을 변경할 수 있는 기능이에요. 작업하는 레이어가 늘어날수록 레이어 이름을 변경하면 수정할
레이어를 쉽게 찾을 수 있어요.

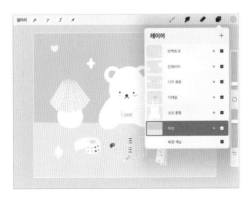

❷ 이름을 변경하고 싶은 레이어를 한 번 터치하세요. 레이어 옵션 중 [이름변경]을 선택하면 키보드 창이 떠요.
변경할 이름을 적으면 레이어 이름이 바뀝니다.

선택

❶ 레이어 안에 있는 오브젝트를 선택할 수 있는 기능이에요. 선택하고자 하는 레이어를 터치해 레이어 옵션에서
[선택]을 눌러주세요. 선택한 레이어의 오브젝트만 선택되고 아닌 부분은 빗금이 쳐져요. 레이어 안의 오브제를
옮기거나 수정할 때 유용합니다.

❷ 왼쪽 상단 마우스 모양의 [변형] 아이콘으로 오브젝트를 움직일 수 있지만, 하얀 실선 테두리가 남아서
[변형]으로 움직이는 건 추천하지 않아요.

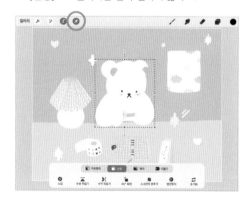
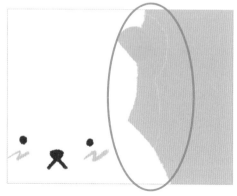

복사하기

레이어 안에 오브젝트를 새 레이어에 붙여넣거나 다른 캔버스에 붙여넣을 수 있어요. 왼쪽 그림 배경의 반짝 효과를 오른쪽 캔버스에 붙여넣기를 하겠습니다.

① 복사할 레이어(반짝효과)를 터치하여 레이어 옵션을 열어 [복사하기]를 선택한 뒤, [갤러리]로 나가서 붙여넣기 할 캔버스를 열어주세요.

② 왼쪽 상단의 [동작 > 추가 > 붙여넣기]를 누르면 복사한 레이어가 삽입되었어요. 붙여넣기 한 레이어는 [삽입한 이미지]로 새로 만들어집니다.

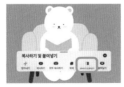

+
손가락 제스처를 이용하여 붙여넣기 하기
화면을 검지, 중지, 약지 세 손가락으로 위에서 아래로
쓸면 다양한 메뉴들이 나타나요. 여기서 [붙여넣기]를
하면 복사한 레이어 붙여넣기가 됩니다.

레이어 채우기

현재 선택한 색상으로 레이어를 한 번에 채울 수 있는 기능입니다. 원하는 색상을 선택한 뒤, 레이어를 열어 한 번 터치하여 나오는 레이어 옵션 중 [레이어 채우기]를 선택하면 레이어의 색이 채워져요. [레이어 채우기] 기능은 [알파 채널 잠금] 기능과 사용하면 매우 유용해요.

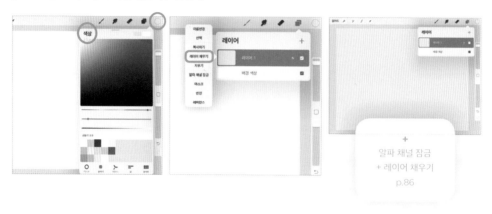

지우기

레이어 안에 모든 오브젝트를 한 번에 지울 수 있는 기능이에요. 지우고 싶은 레이어를 한 번 터치하여 레이어 옵션을 열어 [지우기]를 선택하면 레이어는 그대로 있으면서 오브젝트들이 전부 지워져요.

알파 채널 잠금

레이어 안에 있는 오브젝트 안에만 그림을 그릴 수 있는 기능이에요. 다이어리 내지 안에 오른쪽처럼 격자 무늬를 그려 넣어보겠습니다.

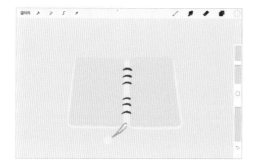 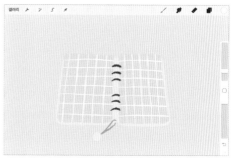

① [알파 채널 잠금]을 하지 않고 무늬를 그려 넣을 경우 선이 오브제 밖으로 나가 일일이 지워야하는 불편함이 생겨요. 다이어리 내지가 있는 레이어(레이어 2)를 한 번 터치하여 [알파 채널 잠금]을 하고 무늬를 그려 넣어주세요.

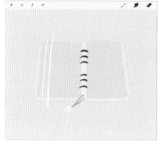  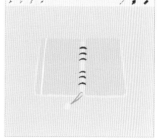

② 원하는 무늬를 넣었으면 다시 [알파 채널 잠금]을 눌러 해제해 주세요.

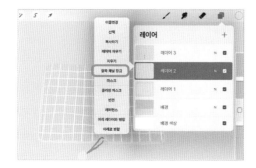

Q [알파 채널 잠금] + [레이어 채우기] 기능은 어떻게 이용할 수 있나요?

1. 한 번에 색상 변경하기

여러 오브젝트의 색상을 한 번에 변경해 보겠습니다. 두 가지 기능을 함께
이용하면 레이어 안에 있는 여러 개의 오브젝트의 색상을 한 번에 바꿀 수 있어요.

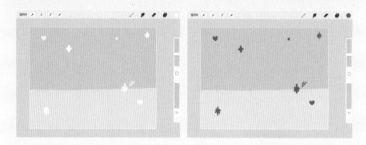

색상을 열어 변경할 색을 선택하고 색을 바꿀 레이어(반짝효과)를 한 번 터치 후,
[알파 채널 잠금]을 해주세요. 그 다음 [레이어 채우기]를 선택하면 레이어 안에
있는 모든 오브젝트가 선택한 색으로 바뀌어요.

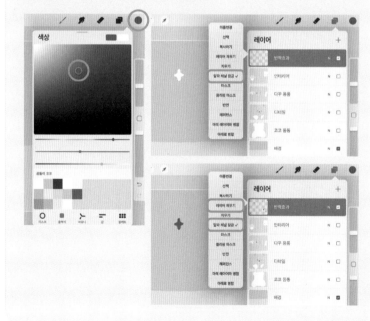

2. 선 색깔 바꾸기

[알파 채널 잠금] + [레이어 채우기]를 가장 효과적으로 사용할 수 있는 것은
'선 색 바꾸기'라고 생각해요. 예시를 위해 새 레이어를 만들어 보라색으로 곰돌이
코코의 테두리를 그렸습니다.

만약 이 기능 대신 선 색을 바꾸기 위해 컬러 드롭을 이용하면 이전 색(보라색)이
남아 있는 경우가 있어요.

+
컬러 드롭 p.73

원하는 색상을 선택 후 레이어(테두리)를 [알파 채널 잠금]하고, [레이어 채우기]를 하면 깔끔하게 원하는 색으로 선 색이 바뀌어요.

마스크

지우개랑 비슷하게 오브젝트를 지울 수 있는 기능이지만, 중요한 점은 다시 되살릴 수 있어 원본이 유지된다는 점이에요.

2장. 프로크리에이트 요럴 땐 요렇게

❶ 레이어를 한 번 터치하여 [마스크] 기능을 선택하면 레이어 바로 위에 [레이어 마스크] 레이어가 생겨요.

❷ 검은색(#000000)으로 선택한 후 브러시로 칠하면 칠한 부분의 오브젝트가 지워집니다. [레이어 마스크]에서 어느 부분을 칠했는지 알 수 있어요.

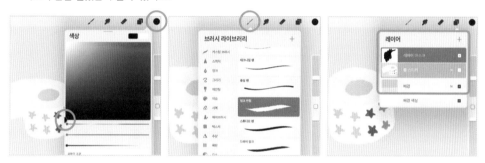

❸ 지운 부분을 되살리는 방법은 두 가지인데, 첫 번째 방법은 [레이어 마스크]를 왼쪽으로 밀어 [삭제]를 누르면 [레이어 마스크] 작업 창이 삭제되면서 원본 그림이 다시 복원됩니다.

④ 두 번째 방법은 [레이어 마스크]는 그대로 둔 채 브러시의 색상을 흰색(#ffffff)으로 선택해서 지운 부분을
   브러시로 칠하면 지워진 부분이 다시 나타나요.

⑤ 회색을 선택한다면, 칠한 부분의 불투명도가 변경돼요. 회색의 밝기에 따라 불투명도가 조절됩니다.

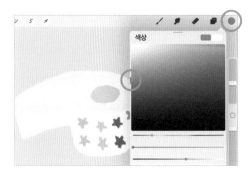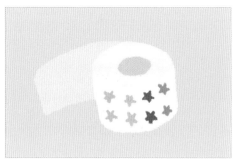

클리핑 마스크

선택한 오브젝트 안에만 그림을 그릴 수 있는 기능이에요. [알파 채널 잠금]과 똑같은 것 같지만, [알파 채널
잠금]은 같은 레이어에 그리는 것과 달리 [클리핑 마스크]는 새 레이어를 만들기 때문에 수정이 가능하다는 점이
가장 큰 특징입니다.

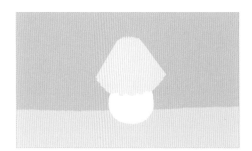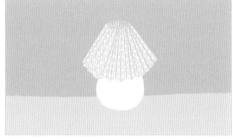

❶ [+] 버튼으로 새 레이어(레이어 3)를 만든 후에 전등 갓의 주름을 그려주세요.

 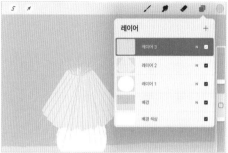

❷ [레이어 3]을 터치하여 레이어 옵션을 열고 [클리핑 마스크]를 선택하면 레이어 2에 있는 전등 갓 안에만
주름이 보여요.

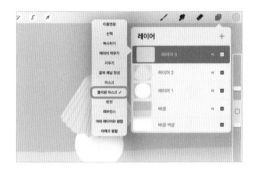 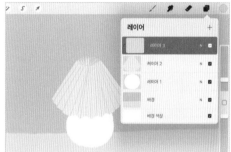

❸ [클리핑 마스크]는 레이어를 계속 추가할 수 있어요.

 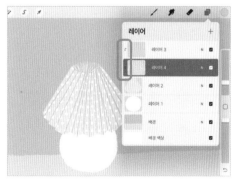

④ 레이어를 왼쪽으로 밀어 삭제도 가능합니다.

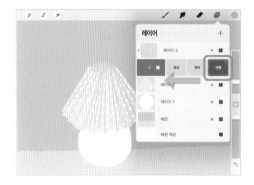 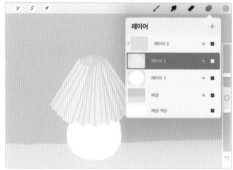

⑤ [알파 채널 잠금]과 [레이어 채우기]로 무늬 색상도 바꿀 수 있어요.

 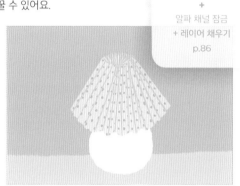

⑥ [클리핑 마스크]의 단점은 새 레이어를 계속 만들기
때문에 레이어 개수가 많아진다는 점이에요.
프로크리에이트는 캔버스 사이즈 및 해상도에 따라
만들 수 있는 레이어 숫자가 정해져 있기 때문에
큰 그림을 그렸을 땐 [클리핑 마스크] 대신 비슷한
기능인 [알파 채널 잠금]을 사용하면 좋습니다.

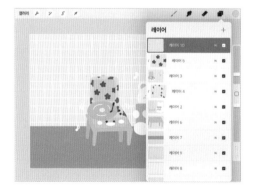

반전

레이어 안에 있는 오브젝트의 색을 반전시킬 수 있어요.

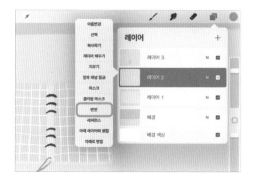 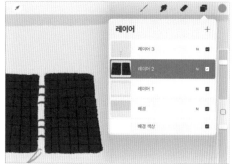

레퍼런스

선 레이어에 분리된 레이어가 추가되어 색을 채우기에 유용한 기능입니다. 테두리 안에 다른 레이어가 만들어지는 것이죠. 선 작업의 원본이 유지되어 수정이 가능하기에 만화 및 라인아트에 유용한 기능이에요.

❶ 새 레이어에 선으로 그림을 그려주세요. 여기서 주의할 점은 선이 반드시 연결되어 있어야 한다는 것입니다.

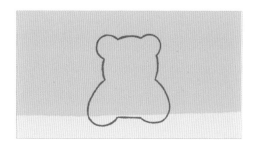

❷ 라인이 그려진 레이어(테두리)를 한 번 터치하여 나오는 레이어 옵션에서 [레퍼런스]를 선택해 주세요. [+]를 눌러 선 레이어 아래에 새 레이어(레이어 3)를 만들어주세요.

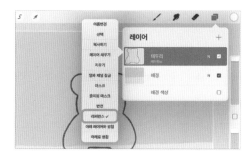 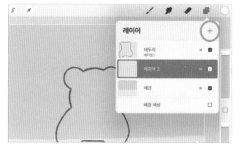

❸ 원하는 색상을 선 안에다 끌어당겨 넣으면 선 안에 색이 들어가요. 레이어를 열어 확인하면 선과 색 레이어가 따로 있는 것을 볼 수 있어요. 이렇게 그림을 그리면 나중에 선만 따로, 혹은 색만 수정할 수 있어서 매우 편리한 기능입니다.

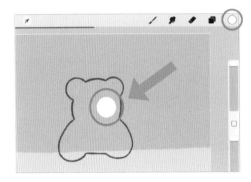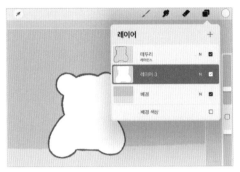

아래 레이어와 병합

위, 아래 레이어가 합쳐지는 기능이에요. 레이어를 정리할 때 유용합니다. 병합하려는 위 레이어를 한 번 터치하여 레이어 옵션을 열어 [아래 레이어와 병합]을 눌러주면 아래 레이어와 합쳐져요. 참고로 병합은 '맨 위에서 아래로' 하나씩 내려가면서 병합해야 합니다.

+
손가락 제스처를 이용해 한 번에 병합하는 방법
병합하려는 처음 레이어(테두리)와 끝 레이어(배경)을 두 손가락으로 선택한 다음에 손가락을 맞닿게 모아주면 한 번에 병합이 돼요.

아래로 병합

위, 아래 레이어를 [그룹]으로 묶을 수 있는 기능으로 하나의 그룹으로 관리가 가능해 편리한 기능입니다.
위 레이어를 한 번 터치 후 레이어 옵션을 열어 [아래로 병합]을 누르면 아래 레이어와 그룹이 되어 [새로운
그룹]이 만들어져요. 그룹은 가장 '아래 레이어 부터 위로' 올라가면서 묶어야 해요.

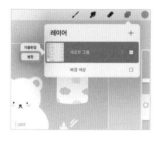 

그룹 내의 그림을
하나의 레이어로 병합하는 방법
[새로운 그룹]을 한 번 터치하면
나오는 메뉴의 [병합]을 누르면 그림이
한 레이어로 합쳐져요.

05

복습하기

귀여운 곰돌이 코코를 함께 그리면서 앞에서 배운
'불투명도 변경하기', '알파 채널 잠금', '클리핑 마스크', '레이어 채우기',
'그림 내보내기'의 기능을 익혀볼게요.

불투명도 변경하기

아트보드를 여는 방법부터 저장까지 프로크리에이트의 기능을 하나씩 사용해 보면서
아이패드 드로잉을 완성해 보겠습니다.

❶ 새로운 캔버스에서 [4×6 사진] 사이즈의 작업 화면을 열어줍니다. 인쇄용으로 제작하려면 CMYK 모드로
설정합니다.

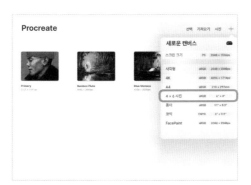 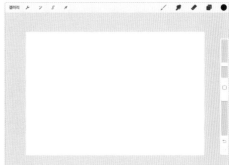

❷ 브러시는 기본 [브러시 라이브러리]에서 [스케치 > 6B 연필]을 선택한 후, 밑그림을 그립니다.

❸ 밑그림을 따라서 색칠하기 쉽도록 불투명도를 변경하겠습니다. 레이어를 열고, 밑그림 레이어의 [N] 아이콘을
터치하면 나오는 블렌드 모드 메뉴에서 불투명도 슬라이더를 30%로 낮춰주세요.

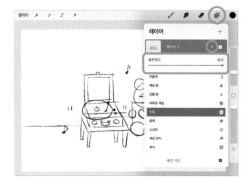

❹ 레이어 창을 열고 [+] 버튼을 터치하여 새 레이어(레이어 2)를 만들어주세요.

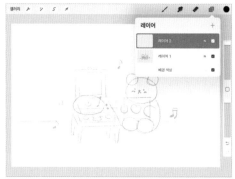

알파 채널 잠금

① 새 레이어에 원하는 [브러시]와 [색상]을 선택한 뒤 밑그림을 따라서 LP 플레이어의 테이블을 칠해주세요.
예제에서는 [서예 > 모노라인 브러시]를 사용했습니다.

② 레이어를 열고 테이블 레이어(레이어 2)를 한 번 터치하고 옵션 중에서 [알파 채널 잠금]을 선택해 주세요.

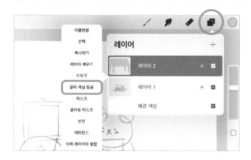 

③ 뒤쪽 다리를 칠해볼게요. 현재 색상보다 어두운 색상을 선택한 뒤, 칠하기 쉽도록 화면을 확대합니다.

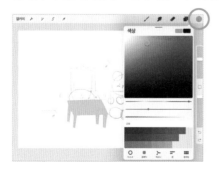 

④ [알파 채널 잠금]을 하면 현재 색칠이 된 곳 외에는 색이 칠해지지 않아 매우 유용하게 사용할 수 있어요.
   뒤쪽 다리를 모두 칠해주세요.

 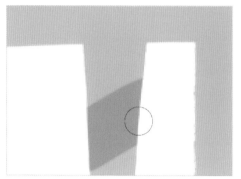

⑤ LP 플레이어를 그리기 위해 테이블 레이어(레이어 2)는 잠시 보이지 않게 체크를 풀어주세요. 그 다음 새
   레이어(레이어 3)를 만듭니다.

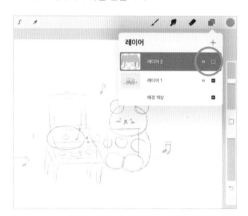 

클리핑 마스크

① [레이어 3]에 LP 플레이어 부분을 확대하여 바탕색을 칠한 후, 레이어 창을 열어 [+]를 눌러서 무늬를 넣을 새 레이어(레이어 4)를 만들어주세요.

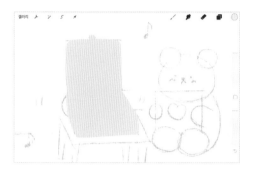 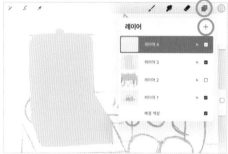

② [레이어 4]를 한 번 터치하여 나오는 옵션 중 [클리핑 마스크]를 선택하면 레이어 4가 레이어 3을 향해 화살표 표시가 된 것을 볼 수 있어요. 이제 클리핑 마스크가 활성화되었습니다.

③ 클리핑 마스크를 하면 바탕색이 칠해진 부분 외에 다른 곳은 칠해지지 않아서 무늬를 넣기 좋은 기능이에요.

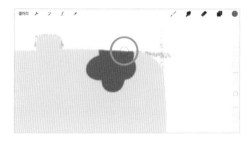 

+
클리핑 마스크는 레이어 옵션을 열어서 [클리핑 마스크]를 다시 터치하면 기능이 풀려요.

❹ 이제 LP 플레이어에 입체감을 줄게요. 새 레이어를 만든 뒤 같은 방법으로 [클리핑 마스크]를 걸어주세요.

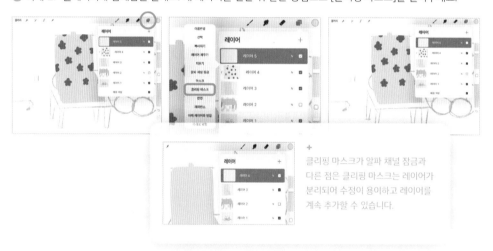

클리핑 마스크가 알파 채널 잠금과
다른 점은 클리핑 마스크는 레이어가
분리되어 수정이 용이하고 레이어를
계속 추가할 수 있습니다.

❺ 새 레이어의 [N]을 클릭하여 레이어의 블렌딩 모드를 열어 [보통 > 곱하기]로 바꿔주세요.

⑥ LP 플레이어와 동일한 색으로 칠하면 자동으로 어두운 색으로 칠해져 LP 플레이어에 입체감을 줄 수 있어요.

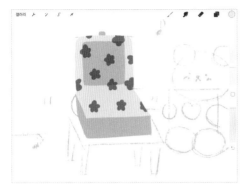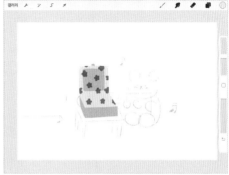

⑦ 동일한 그림의 레이어는 하나씩 오른쪽으로 밀어 전체 선택한 후 [그룹]으로 묶어주면 관리하기 훨씬 편해져요.

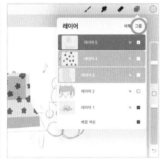

⑧ 스케치 레이어를 제외하고 채색한 그림의 레이어 체크를 풀어 모두 안 보이게 설정한 뒤, 새 레이어를 만들어 나머지 그림을 그려주세요. 그림을 완성하면 모든 레이어의 체크를 활성화합니다.

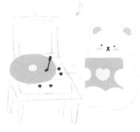

레이어 채우기

① 이제 배경을 칠하겠습니다. 바닥부터 먼저 색을 채울게요. 밑그림 바로 위에(색을 칠한 레이어 중 가장 아래)에 새 레이어를 하나 만들어주세요.

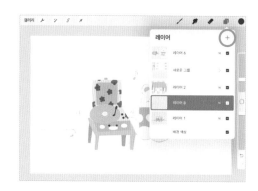

② 바닥 색을 고르고 [선택 > 직사각형] 툴을 누른 뒤 [색상 채우기]를 선택합니다.

③ 그 다음 원하는 부분만큼 드래그하고 애플펜슬을 화면에서 떼면 색상이 자동으로 채워져요.

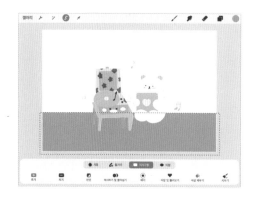 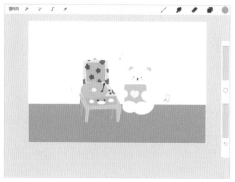

❹ 다음은 다른 방법으로 화면을 채워볼게요. 배경색을 고르고 밑그림 바로 위에 새 레이어를 만들어주세요.

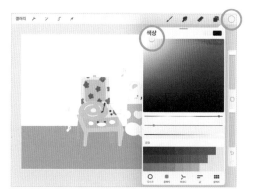 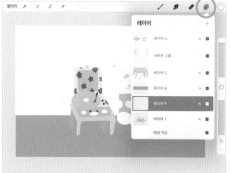

❺ 새 레이어(레이어 9)를 터치하여 나오는 옵션 중 [레이어 채우기]를 클릭하면 레이어가 한번에 색이 채워져요.

 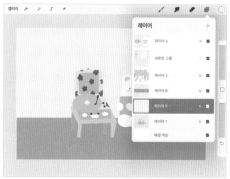

❻ 배경에 무늬를 넣기 위해 무늬 색을 고른 뒤 [텍스처 > 격자]를 선택하고 바탕 위에 무늬를 넣어주세요.

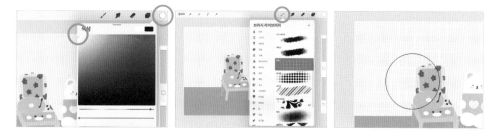

+
격자 패턴 크기를 변경하는 방법
[텍스처 > 격자 > 브러시 스튜디오]에서 [그레인] 옵션 중 [그레인 특성 > 비율] 값을 변경하여 격자의 크기를 조절합니다.

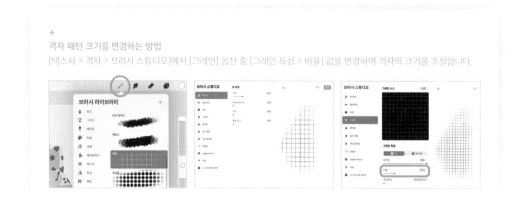

⑦ 배경까지 채웠으면 레이어 가장 상단에 새 레이어를 만든 후 음표 및 그림의 디테일한 부분까지 섬세하게
마무리합니다.

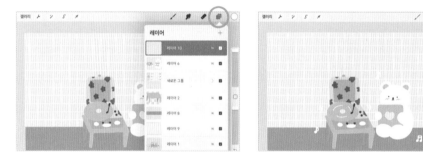

⑧ 그림이 완성되었어요! 한 단계씩 차근차근 잘 따라오셨나요? 프로크리에이트를 처음 사용하는 분들에게는
당장 사용하기 어려운 기능일 수도 있지만 잘 배워둔다면 앞으로 드로잉을 할 때 매우 유용하게 사용할 수 있는
기능이니 하나씩 천천히 익혀보세요.

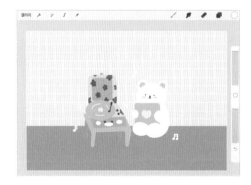

그림 내보내기

Procreate: 프로크리에이트 전용 파일로 백업용으로 사용합니다.

PSD: 포토샵 파일로 저장되며 프로크리에이트에서 사용한 레이어가 모두 나타납니다.

PDF: 파일의 글꼴 및 이미지가 유지됩니다.

JPEG: 기본 이미지 파일 형식으로 이미지를 압축하여 용량이 적어 가장 많이 사용합니다.

PNG: 배경 없이 오브제만 그린 그림을 저장할 때 사용합니다.

TIFF: 이미지 손실이 없는 압축 방식으로 높은 품질이지만 용량이 매우 높아요.

❶ 이제 완성된 그림을 파일로 내보낼 시간이 되었어요. [동작 > 공유 > JPEG]를 선택한 뒤 [이미지 저장]을 누르면 아이패드에 그림이 저장됩니다.

❷ [동작 > 공유 > 타임랩스 비디오 내보내기]를 통해 그림그리는 과정을 동영상으로 저장할 수 있어요.

06

드로잉 퀄리티 UP

드로잉의 완성도를 높이는 유용한 몇 가지 팁을 알아볼게요.

알맞은 브러시 선택하기

프로크리에이트에는 다양한 기본 브러시가 있어요.
작업 스타일에 알맞는 브러시로 원하는 그림을 그려보세요.

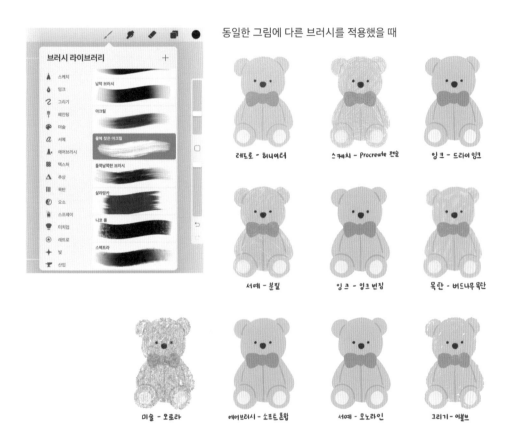

동일한 그림에 다른 브러시를 적용했을 때

레트로 - 허니어러 　　스케치 - Procreate 전용 　　잉크 - 드라이 잉크

서예 - 분필 　　잉크 - 잉크 번짐 　　목탄 - 버드나무 목탄

미술 - 오로라 　　에어브러시 - 소프트 혼합 　　서예 - 오노라인 　　그리기 - 이블브

구름, 잔디 등 그리기 어려운 다양한 배경 요소를 브러시로 쉽게 그릴 수 있어요.
구름(요소-구름), 잔디(유기물-스워드 글라스), 윤슬(빛-글리머), 우주(빛-성운), 네온사인(빛-라이트 펜)

요소-구름 　　슈기톨-스워드글라스 　　빛-글리머 　　빛-성운 　　빛 - 라이트펜

레퍼런스 이용하기

① '레퍼런스'는 사진을 화면에 함께 띄울 수 있는 기능이에요. 참고 자료를 보고 따라 그릴 수 있어 작업에 많은 도움을 줍니다. [동작 > 캔버스]에 들어가서 [레퍼런스]기능을 오른쪽으로 밀어 활성화하면 [레퍼런스] 창이 떠요.

레이어 옵션 중 [레퍼런스]와는 다른 기능이에요.

② [이미지 > 이미지 불러오기]로 사진을 불러옵니다. 사진을 손가락 두 개를 닿았다 펼치면서 확대, 축소할 수 있고, 모서리 부분을 잡고 늘리면 크기가 변경되고, 상단의 [—]를 잡고 이동시킬 수 있어요.

[캔버스]는 캔버스 전체 화면을 보여줘요. 한 부분을 확대해서 그리고 있을 때 전체적인 느낌을 볼 수 있어요.

종이 질감 입히기

① 디지털 그림에 종이 질감을 입혀서 느낌을 다르게 낼 수 있어요.

② [동작 > 도움말 > Procreate 포트폴리오]를 누르고 [Discussions > Resources]로 들어가면 전 세계인들이 공유한 브러시 및 팔레트 자료를 다운로드할 수 있어요.

③ [Any Tag > Templates]로 들어가서 [Paper & Canvas Textures]를 찾아서 원하는 질감을 다운로드해 주세요.

④ 프로크리에이트로 돌아와서 [동작 > 추가 > 사진 삽입하기]로 다운로드한 종이 질감을 불러오면 레이어 창에
[삽입한 이미지]로 새 레이어가 생깁니다.

⑤ [N]을 눌러 블렌드 모드를 [곱하기]로 바꿔준 뒤 [불투명도] 수치를 알맞게 조절해 주세요.

⑥ 종이 질감을 입힌 그림이 완성되었어요.

조정의 다양한 효과 사용하기

조정의 15가지 기능 중 4가지 기능(변화도 맵, 색수차, 글리치, 하프톤)을 사용하여
그림에 멋진 효과를 적용하겠습니다.

변화도 맵

변화도 맵은 이미지에 컬러 그라디언트를 적용하는 기능이에요. 색상에 따라서 이미지 분위기를 변화시킬 수
있어요.

① 변화도 맵을 적용할 레이어를 선택하고 [조정 > 변화도 맵]을 누르면 두 가지 창이 떠요. [레이어]는 레이어
전체에 적용하는 것이고, [Pencil]은 브러시를 사용하여 원하는 부분만 변경할 수 있어요.

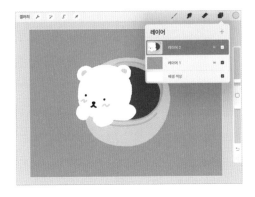 

❷ [레이어]를 선택하면 아래 창에 [변화도 라이브러리]가 나오면서 선택한 그림 레이어가 그라데이션으로 색이 변하는 걸 볼 수 있어요. 인터페이스의 빈 공간을 한 번 터치하면 옵션이 나와서 [취소]를 하거나 [적용]을 빠르게 할 수 있어요.

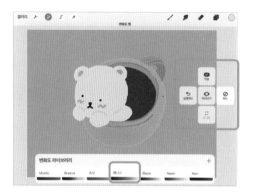 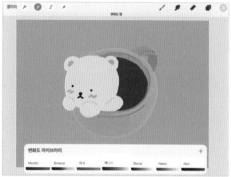

❸ [Pencil]은 [브러시]를 선택하여 원하는 부분에 칠해주세요.

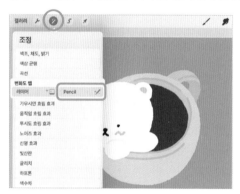 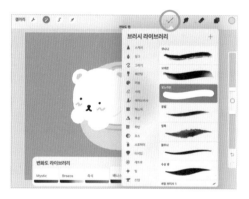

색수차

색수차는 셀로판지를 덧댄 것 같은 느낌을 준다고 해서 셀로판 효과로도 불리며 초록색, 파란색, 빨간색이
분리되어 보이게끔 하는 기능이에요.

① 색수차 기능을 사용할 레이어를 선택한 후, [조정 > 색수차 > 레이어 > 옮겨놓기]를 눌러주세요.

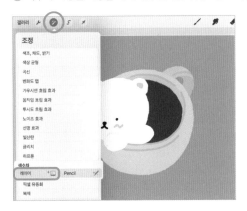
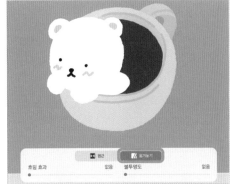

② 화면을 미는 방향에 따라 색이 분산되는 색수차가 만들어지면서 독특한 느낌을 낼 수 있어요.

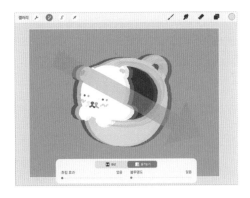
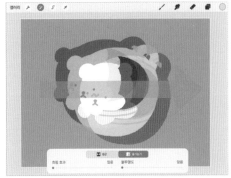

글리치

글리치는 화면이 깨진 듯한 효과를 주는 기능으로 비디오아트 같은 느낌 줄 수 있으며 색수차와 같은 방법으로 [글리치] 효과도 줄 수도 있어요.

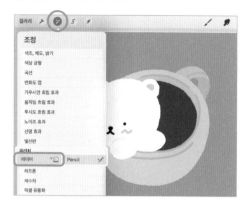

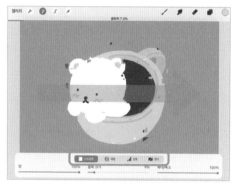

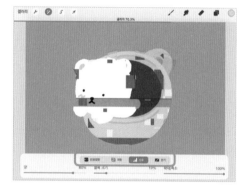

하프톤

하프톤은 망점 효과로도 불리며 인쇄를 한 듯한 효과를 줄 수 있어요. 또한 팝아트 느낌을 줄 때도 사용할 수 있는 기능이에요.

① 하프톤을 적용할 배경 레이어를 선택한 후 [조정 > 하프톤 > 레이어 > 전체 색상]을 선택한 후 화면을 오른쪽으로 밀어주세요.

② 하프톤 효과가 적용되면 화면을 오른쪽 혹은 왼쪽으로 밀어 %를 조절할 수 있습니다.

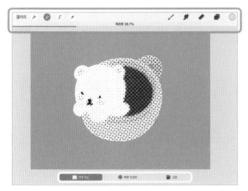 

인스타툰 그리기

10장 내외의 짧은 만화를 그려 인스타그램에 업로드하겠습니다. 인스타툰은 광고, 협찬 등으로
N잡을 할 수 있으며 연재한 그림을 모아 책으로 출간하는 등 활용성이 높은 콘텐츠입니다.

캔버스 설정하기

① 인스타그램은 1:1 혹은 4:5 비율로 그림을 업로드합니다. 캔버스 크기는 1:1 비율일 경우 1080×1080px 혹은
1500×1500px을 사용합니다. 4:5 비율이라면 1080×1350px 혹은 1500×1875px 로 설정해 줍니다.
웹 해상도는 72dpi를 사용하지만, 연재한 인스타툰을 책으로 만들 수도 있으니 인쇄용인 300dpi로
설정하는 것이 좋습니다.

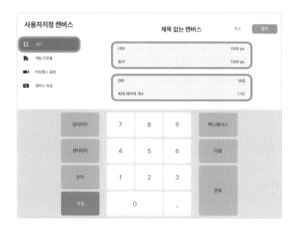

② 색상은 [RGB > sRGB IEC61966-2.1]로 설정합니다. 인쇄용은 CMYK로 설정해야 하지만,
색이 탁해서 인스타그램 업로드용으로는 추천하지 않습니다. 추후 인쇄할 때 RGB를 CMYK로 바꾸는
것이 좋습니다.

스토리 짜기

1 인스타그램에는 총 10컷까지 올릴 수 있지만, 처음 시작할 때는 간단한 4컷 만화를 추천합니다. 어떤 내용을 담을지 생각하고 그림을 그려야, 컷 수에 알맞은 그림을 그릴 수 있어요. 주제를 정해서 메모장에다가 대략적인 스토리를 적어봅니다. 일상의 모든 것이 소재가 될 수 있습니다.

4컷 만화 그리기 & 업로드 하기

1 캔버스를 열어서 스토리에 맞는 밑그림을 그려봅니다. 한 레이어 당 한 그림의 밑그림을 그려주세요.
브러시는 [서예 > 모노라인 / 스케치 > 페퍼민트]를 사용했습니다.

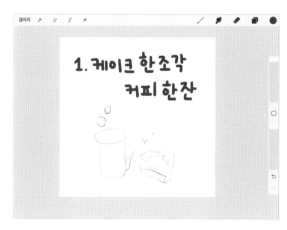

❷ 밑그림에 [서예 > 모노라인] 브러시를 이용하여 매끄러운 선으로 된 그림을 다시 그려줄게요.

　밑그림 레이어를 한 번 터치하여, 옵션 창을 연 뒤 불투명도를 낮춰주세요.

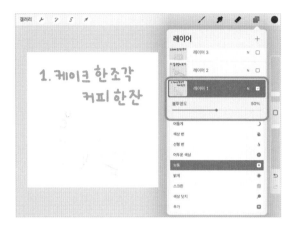

❸ 스케치 레이어 위에 새 레이어를 만들고, 스케치를 따라 선을 그려줍니다.

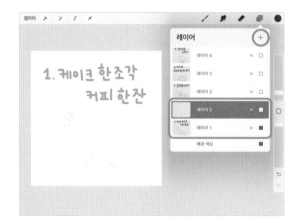

2장. 프로크리에이트 요럴 땐 요렇게

④ 선을 따 준 뒤, 스케치 레이어(레이어1)의 체크 박스를 풀어 보이지 않게 해줍니다.

⑤ 선 레이어 아래에 새 레이어를 만든 후, 원하는 색상으로 색을 칠해줍니다.

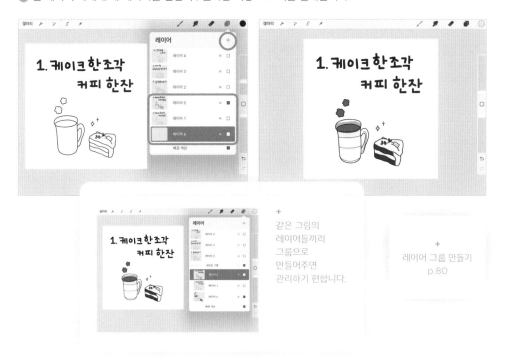

같은 그림의
레이어들끼리
그룹으로
만들어주면
관리하기 편합니다.

+
레이어 그룹 만들기
p.80

드로잉 퀄리티 UP

⑥ [동작 > 공유 > JPEG]를 누르고 [이미지 저장]으로 4개의 그림을 각각 저장해 줍니다.

⑦ 총 4장의 그림을 그립니다.

⑧ 인스타그램에 순서대로 그림을 선택한 후, 업로드합니다.

3장

나 만 의
콘 텐 츠 로
굿 즈 만 들 기

아이패드 앱으로 굿즈 만들기

아이패드 단 하나만 이용하여 굿즈를 만들어보겠습니다.
이미지 제작부터 제작 의뢰까지 아이패드로 손쉽게 따라 해보세요.

● 굿즈 만들 때 주의할 점

- 이미지 크기는 가장 짧은 면이 2500px 이상, 해상도 300dpi으로 크게 작업해 주세요.
- 캔버스 크기와 해상도가 커짐에 따라서 사용할 수 있는 레이어 개수가 줄어들어요. 적은 레이어 수로
  그려야 하니 주의해 주세요.
- 형광색, 고채도와 같은 색상은 인쇄로는 제대로 표현되지 않아요.
- 컬러 모드와 사이즈는 각 업체마다 요구사항이 다르니 제작하기 전에 주의사항을 꼭 살펴보세요.

● 종류 별 굿즈 제작 앱

──────────────────────── 사진 인화 앱 ────────────────────────

찍스
사진첩의 사진으로
간단하게 주문이
가능하며 서울 지역은
총알 배송이 가능합니다.

포토몬
사진 인화 및 포토북,
달력, 포토카드 등
사진을 이용한 굿즈를
제작할 때 유용합니다.

126

마플

다양한 종류의 폰 케이스
및 의류, 쿠션, 에코백
등의 패브릭 제품도
프린팅이 가능합니다.

스냅스

사진 인화, 포토북
외에도 아크릴 키링,
머그컵 등 다양한 굿즈가
있습니다.

CASETIFY

SNS에서 핫한 아이폰
케이스 브랜드입니다.
앱을 통해 사진을 넣은
커스터마이징 폰 케이스,
맥북, 아이패드 케이스를
제작할 수 있어요.

오프린트미

명함, 스티커, 현수막
등의 홍보 인쇄물을
제작합니다.

케이스바이미

폰 케이스, 버즈 케이스,
텀블러 등의 굿즈가
있습니다.

퍼블로그

포토북, 사진 인화 및
폰 케이스, 포토 머그컵,
스티커 등의 굿즈 제작이
가능합니다.

엽서팩

엽서 10장을 인쇄하는 패키지입니다. 하나의 그림으로 10장을 인쇄하거나,
10장 모두 다른 그림으로 선택할 수 있습니다.

① [3500×2480px, 300dpi / CMYK > Generic CMYK Profile] 새 캔버스를 만들어주세요.

② 엽서를 디자인한 뒤 [동작 > 공유 > JPEG > 이미지 저장]으로 아이패드에 저장합니다.

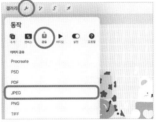

③ 엽서 팩은 '스냅스'에서 주문했습니다. 스냅스 앱을 다운로드해 주세요.

④ [전체상품 > 사진인화 > 엽서팩]으로 들어가 주세요.

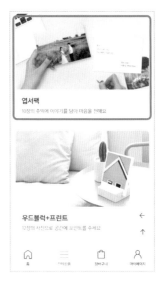

⑤ [만들기]를 누른 후 [휴대폰 사진]을 클릭하여 저장한 그림을 불러옵니다. 엽서 10종을 전부 다른 그림으로
만들 경우 같은 방법으로 반복 선택하고, 만약 하나의 그림으로 10장을 모두 다 뽑는다면 바로 [확인]을
눌러주세요.

❻ 예제에서는 10장을 같은 그림으로 주문하겠습니다. [확인]을 누르면 선택한 그림이 등록됩니다. [+] 버튼을 눌러 그림을 추가로 불러옵니다.

❼ 같은 방법으로 나머지 그림도 채워주고, 편집 과정을 거친 뒤 [장바구니 > 저장]을 눌러주세요. 장바구니에서 주문, 결제를 완료합니다.

엽서팩

아크릴 키링

하나로 연결된 이미지만 키링 제작이 가능합니다.
분리된 이미지가 없도록 그림을 그려주세요.

❶ [3000×3000px, 300dpi / CMYK > Generic CMYK Profile] 새 캔버스를 만들어주세요.

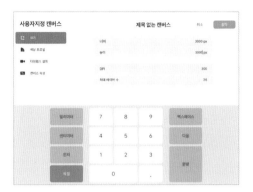 

❷ 키링을 디자인한 뒤, [동작 > 캔버스 > 잘라내기 및 크기변경]으로 들어가 주세요.

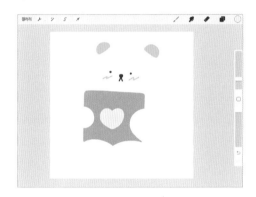 

❸ 사방 모서리를 잡아 당겨 여백이 없도록 그림에 딱 맞게 캔버스를 자른 뒤, [완료]를 눌러주세요.

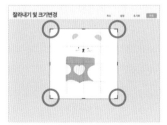  

④ 레이어를 열어 [배경 색상] 레이어의 체크를 한 번 터치하여 배경 색상이 안 보이게 해주세요.

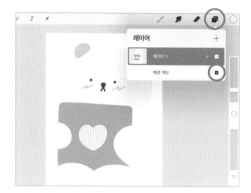 

⑤ [동작 > 공유 > PNG > 이미지 저장]으로 저장합니다.

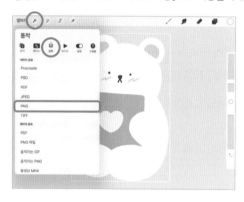 

⑥ 아크릴 키링은 '스냅스'에서 주문했습니다. 스냅스 앱을 다운로드해 주세요.

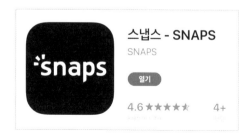

7 [전체상품 > 굿즈 > 아크릴 키링]으로 들어가 주세요.

8 [아크릴 타입, 색상, 사이즈, 고리]를 선택합니다. 원하는 사이즈를 입력하면 그림 비율에 맞춰서 자동으로
조정됩니다.

❾ [만들기]를 누르고 [+] 버튼을 터치하여 [휴대폰 사진]에서 그림을 불러옵니다.

❿ 고리 영역을 꾹 눌러서 원하는 자리에 고리 구멍을 옮겨 준 뒤 [장바구니 > 저장]을 눌러주세요. 장바구니에서 주문, 결제를 완료합니다.

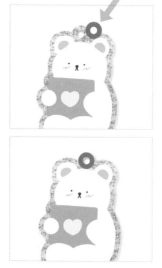

Q 아크릴 키링 제작 시 '화이트 레이어' 밀림 현상이 일어날 수 있다고 하는데요. '화이트 레이어'가 무엇인가요?

A 투명 재질에 컬러를 바로 인쇄하게 되면 반투명으로 흐릿하게 인쇄가 됩니다. 그렇기에 컬러 인쇄와 같은 모양과 크기로 흰색 면을 먼저 인쇄한 뒤, 그 위에 컬러로 인쇄하면 보다 선명하고 진하게 인쇄됩니다. 이 흰색 면을 '화이트 레이어'라고 합니다. PC를 이용한 주문 시 포토샵이나 일러스트로 화이트 레이어를 따로 제작하기도 하지만, 앱을 이용한 주문에서는 화이트 레이어를 업체에서 자동으로 제작하게 되어 밀림 현상이 발생하기도 합니다. 정교한 주문을 원할 경우 PC 주문을 권장합니다.

Q 아크릴 종류에 따라 인쇄 방식이 다를까요?

A 투명 아크릴 키링은 아크릴 뒷면에 인쇄하는 '배면 인쇄'인 반면 컬러 글리터 아크릴 키링은 아크릴 앞면에 인쇄되는 '전면 인쇄' 방식으로 진행되고 있어요.

판스티커

스티커 테두리가 칼선 작업으로 잘릴 수 있으니
중요한 그림은 여백을 두어 작업합니다.

① [2500×2500px, 300dpi / CMYK > Generic CMYK Profile] 새 캔버스를 만들어주세요.

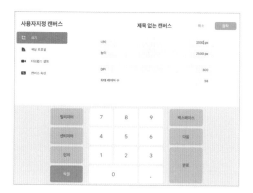 

② 판스티커를 디자인한 뒤 [동작 > 공유 > JPEG > 이미지 저장]으로 아이패드에 저장해 주세요.

③ 판스티커는 '퍼블로그'에서 제작했습니다. 퍼블로그 앱을 다운로드해 주세요.

퍼블로그 - 1등 명품 사진
(주)아비즈

❹ 앱 상단의 [스티커]로 들어가 [판스티커]를 선택한 뒤 [선택하기]를 눌러주세요.

❺ 원하는 스티커 모양과 크기를 고른 뒤(원형C 33×33 선택) 사진첩에서 그림을 한 번 터치하면 스티커 하나가
   채워져요.

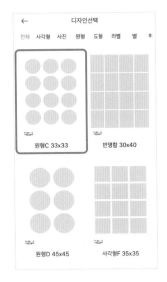  

❻ 모두 같은 그림으로 채운다면 그림을 연속해서 눌러주세요. 전부 채웠으면 상단의 [→]를 눌러주세요.
   스티커가 인쇄되는 영역을 확인한 뒤 [저장하기]를 누르면 장바구니에 저장됩니다. 장바구니에서 주문, 결제를
   완료합니다.

+
그림의 여백을 조절하고 싶다면 스티커를 선택한 뒤 [사진설정]으로 들어가 회전 혹은 확대, 축소를 해주세요.
두 손가락을 화면에 대고 벌리거나 줄이면서 확대와 축소 가능합니다. [적용]을 누르면 스티커의 사이즈가 변경됩니다.
주의할 점은 꼭 가이드 안으로 중요한 디자인을 넣어야 제작 후 그림이 잘리지 않아요.

판스티커

포토버튼

사진으로 만드는 배지로 후면에
핀 버튼과 자석 버튼을 선택할 수 있어요.

❶ [2500×2500px, 300dpi / CMYK > Generic CMYK Profile] 새 캔버스를 만들어주세요.

❷ 포토버튼을 디자인한 뒤 [동작 > 공유 > JPEG > 이미지 저장]으로 아이패드에 저장해 주세요.

❸ 포토버튼은 '퍼블로그'에서 제작했습니다. 퍼블로그 앱을 다운로드해 주세요.

퍼블로그 - 1등 명품 사진
(주)아비즈

❹ 앱 상단의 [굿즈]로 들어가 [포토버튼]을 선택합니다.

❺ 상단에서 사이즈(중형 45×45mm 선택)와 사진의 레이아웃(심플, 사진 1장 선택)을 고른 뒤 [선택하기]를 눌러
주세요. [옵션]에서 뒷면을 핀과 자석 중에서 선택한 후 [만들기]를 눌러주세요.

⑥ 버튼에 넣을 그림을 선택한 뒤, 보이는 영역을 확인하고 [저장하기]를 누르면 장바구니에 저장됩니다.
장바구니에서 주문, 결제를 완료합니다.

―――

폰 케이스

기종마다 도안 사이즈가 다르니 디자인하기 전에 먼저 사이즈를 확인합니다.

본 예제는 아이폰 12 기준, 하드케이스로 제작했습니다.

―――

• • • • • • • • •

① [2500×4300px, 300dpi / RGB > sRGB IEC61966-2.1] 새 캔버스를 만들어주세요.

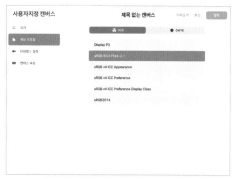

\+
앞면 인쇄와 전체 인쇄(위, 아래, 옆)는 비율을 다르게 제작해야 합니다. 전체 인쇄를 원한다면 배경을 넓게 작업해 주세요.
본 예제는 전체 인쇄하는 B로 작업합니다.

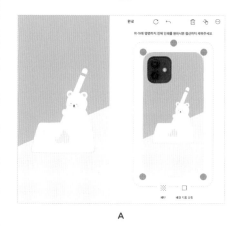
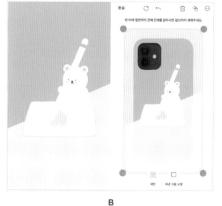

A   B

② 폰 케이스를 디자인한 후 [동작 > 공유 > JPEG > 이미지 저장]으로 저장해 주세요.

③ 폰 케이스는 '마플'에서 제작했습니다. 마플 앱을 다운로드해 주세요.

④ 앱 상단의 [폰케이스/테크]를 선택합니다. 만들고자 하는 핸드폰 기종을 선택해주세요. 본 예제에서는 무광 하드케이스를 골랐습니다.

⑤ 배경을 화이트로 고른 뒤, [이미지 업로드]를 선택합니다.

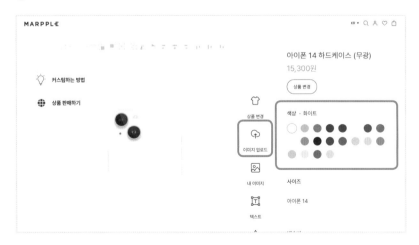

❻ [사진보관함]에서 그림을 불러온 뒤 [완료]를 눌러주세요.

❼ 그림을 점선까지 늘려서 채워줍니다.

❽ [장바구니 담기]를
누른 후 주문, 결제를
완료합니다.

149

반팔 티셔츠

티셔츠 제작 옵션 중 20 수, 30 수 등은 원단의 두께를 의미합니다.
숫자가 적어질수록 두꺼운 옷이랍니다.
(17수: 두꺼움, 30 수: 얇음)

❶ [4300×3300px, 300dpi / RGB > sRGB IEC61966-2.1]의 캔버스를 만들어주세요. 비율은 원하는 대로
　조절해도 됩니다.

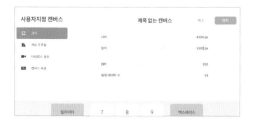 

❷ 티셔츠 디자인이 완성되었다면 [동작 > 공유 > JPEG > 이미지 저장]으로 아이패드에 저장해 주세요.

❸ 반팔 티셔츠는 '마플'에서 제작했습니다. 마플 앱을 다운로드해 주세요.

❹ 앱 상단의 [의류 >티셔츠/셔츠]를 누른 뒤, 원하는 두께 및 모양의 티셔츠를 선택해 주세요.

⑤ 색상과 사이즈를 고른 뒤, [이미지 업로드]를 눌러주세요.

⑥ 사진 보관함 을 눌러 그림을 불러와 주세요.

⑦ 주황색 점이 있는 모서리를 움직여서 크기를 조절하고, 그림 가운데 부분을 터치하여 원하는 자리에 그림을 이동해 주세요.

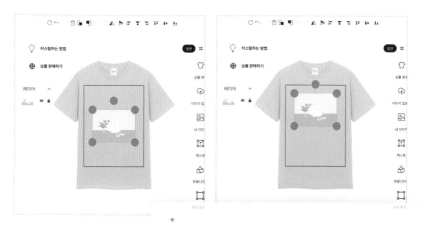

상단에 있는 [∷] 아이콘을 클릭하면 뒷면, 소매 등 다른 부분에도 그림을 넣을 수 있어요.

⑧ 티셔츠 디자인이 완성되었으면 [장바구니 담기]를 눌러 주문, 결제를 완료하세요.

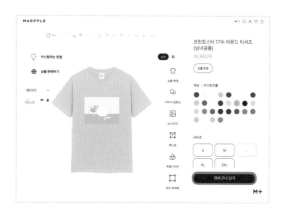

———

머그컵

머그컵은 도자 재질에 인쇄를 하여
그림이 옅고 흐릿하게 나올 수 있으니 주의해 주세요.

———

• • • • • • • ● •

❶ [4000×4000px, 300dpi / RGB > sRGB IEC61966-2.1]의 새 캔버스를 만들어주세요. 캔버스 비율은
디자인에 따라 조절하세요.

❷ 머그컵을 디자인한 뒤, 레이어를 열어 [배경 색상] 레이어의 박스를 한 번 터치하여 배경을 보이지 않게
해주세요.

❸ [동작 > 공유 > PNG > 이미지 저장]으로 저장합니다.

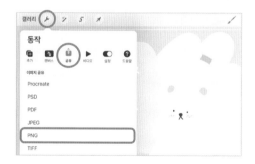 

❹ 머그컵은 '케이스바이미'에서 제작했습니다. 케이스바이미 앱을 다운로드해 주세요.

⑤ 앱으로 들어가 [머그컵 > 앞면]을 선택해 주세요.

⑥ 하단의 [내 이미지 > 그냥 가져오기 > Photo Library]로 그림을 가져옵니다.

⑦ 오른쪽에 있는 화살표 아이콘으로 이동 및 크기를 조절할 수 있어요. 앞면 디자인을 마친 후 [디자인 선택]을
눌러 뒷면 디자인으로 이동합니다.

3장. 나만의 콘텐츠로 굿즈 만들기

❽ 뒷면에는 글자를 넣겠습니다. [텍스트 넣기]를 누른 뒤 원하는 문구를 적은 후 [확인]을 눌러주세요.

❾ 화면에 있는 문구를 터치하면 편집 화면이 나옵니다. 여기서 색상과 글씨체로 변경하세요.

❿ 사이즈 및 위치를 조절하여 [다음 > 예 > 장바구니에 담기]를 누르면 주문이 완료됩니다. 장바구니에서 결제를 완료합니다.

머그컵

Goods 08

에어팟 프로 케이스

투명과 불투명 케이스를 선택할 수 있어요.
투명 케이스는 반드시 배경을 삭제하고 PNG 파일로 저장해야 합니다.

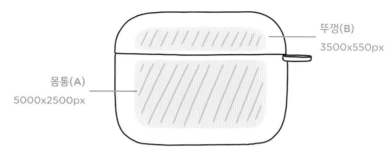

뚜껑(B)
3500x550px

몸통(A)
5000x2500px

에어팟 케이스는 몸통(A)과 뚜껑(B) 두 개의 영역에
그림이 들어갑니다.

① 몸통(A)에 들어가는 그림을 먼저 그려볼게요. [5000×2500px, 300dpi / RGB > sRGB IEC61966-2.1]의
캔버스를 만들어주세요.

② 투명 케이스는 배경을 보이지 않게 설정해야 해요. 작업 화면에서 레이어를 열어 [배경 색상]의 체크를 풀어
배경을 보이지 않게 설정합니다.

아크릴 키링처럼 캔버스 크기를
여백이 없게 줄이지 않아도 괜찮아요.

❸ [동작 > 공유 > PNG > 이미지 저장]으로 아이패드에 저장해 주세요.

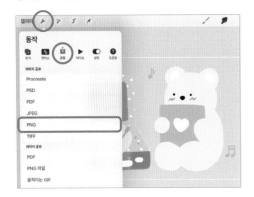 

❹ 뚜껑(B)에 들어가는 그림은 [3500×550px, 300dpi / RGB > sRGB IEC61966-2.1]의 새 캔버스를 만들어주세요.

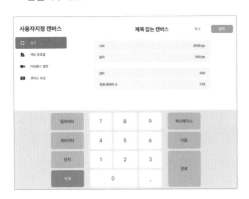 

❺ 뚜껑에 들어갈 그림을 그린 뒤 마찬가지로 레이어를 열어 [배경 색상]의 체크를 풀어 배경을 보이지 않게 설정합니다.

⑥ [동작 > 공유 > PNG > 이미지 저장]으로 아이패드에 저장해 주세요.

⑦ 에어팟 프로 케이스는 '케이스바이미'에서 주문했습니다. 케이스바이미 앱을 다운로드해 주세요.

⑧ 홈 화면에 있는 '에어팟 Pro 케이스'로 들어가 왼쪽에 있는 투명 하드 케이스를 선택해 주세요.

에어팟 프로 케이스

❾ 하단의 [내 이미지 > 그냥 가져오기 > Photo Library]로 그림을 가져옵니다.

❿ 오른쪽에 있는 화살표 아이콘으로 이동 및 크기를 조절할 수 있어요. 원하는 위치에 그림을 옮겨주세요.

⓫ 이제 뚜껑에도 그림을 넣어볼게요. 하단의 [내 이미지 > 그냥 가져오기 > Photo Library]로 그림을 가져와 주세요.

⓬ 마찬가지로 오른쪽 화살표를 이용하여 크기 조절 및 원하는 위치로 그림을 옮겨주세요. 디자인이 완성되었으면 [다음 > 장바구니에 담기]를 누르면 주문이 완료되며 장바구니에서 주문, 결제를 완료합니다.

아이패드로 이모티콘 만들기

네이버 블로그 스티커와 카카오 이모티콘을 만들 때 공통으로 설정하면 좋은
편리한 팁을 알려드립니다.

● 콘셉트 정하기

스티커 및 이모티콘을 만들 때 가장 어려운 점은 24~32개나 되는 이미지를 표정과 동작 등을 다르게 표현해야
한다는 것이에요. 생각보다 여러 개를 만드는 것은 쉽지 않아서 컨셉을 명확하게 잡고 스케치하는 것이 좋아요.
아래의 기준에 따라 콘셉트를 정해봅시다.

Q1. 캐릭터의 종류는? 사람, 동물, 사물, 기타

Q2. 캐릭터의 성격은? 러블리, 친절, 게으른, 귀여운, 시크 등

Q3. 표현하고 싶은 감정은? 한 가지의 감정으로 여러 개의 기분을 표현해도 좋고, 캐릭터 하나에 다양한 감정의
변화를 그려도 좋습니다.
기쁨, 슬픔, 놀람, 감사, 화남, 기대, 궁금, 의심, 부끄러운, 당당한, 열정, 무서운, 소심, 기운찬, 좌절, 후회,
태평한, 아쉬운, 즐거운, 외로운, 언짢은, 귀찮은, 부러운, 그리운, 행복한 등

Q4. 표현하고자 하는 동작은? 달리기, 눕기, 차렷, 엎드리기, 팔짱끼기, 두 손 들기 등 '포즈'를 검색하여 참고해도
좋아요.

● 아트보드 이름 저장하기

새로운 캔버스를 만들 때 작업 명을 등록하면 기록이 남아 있어 같은 사이즈의 캔버스를 여러 번 만들 때
편리합니다.

HOW TO '제목 없는 캔버스'를 터치하여 작업 명을 입력합니다.

● 스택 만들기

한 종류의 캔버스끼리 그룹을 지어놓으면 관리하기가 쉬워요.

HOW TO 캔버스를 꾹 누르면 캔버스를 움직일 수 있어요. 누른 상태로 그룹을 지으려는 캔버스 위에 놓아주면 '스택'이 만들어지면서 하나의 그룹이 됩니다. '스택' 글자를 터치하면 이름 변경도 가능하니 작업 내용에 맞는 이름으로 설정하세요.

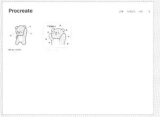

● 선 두께 고정하기

스티커와 이모티콘은 최소 24개부터 32개를 만들어야 합니다. 테두리의 선 두께가 모두 일정해야 하는데요. 선 두께를 고정하면 그릴 때마다 두께를 조절할 필요 없이 좀 더 편하게 그림을 그릴 수 있습니다.

왼쪽은 모노라인 브러시 크기 1%로 그린 그림이고, 오른쪽은 2%로 그린 그림이에요. 선의 두께에 따라서도 느낌이 다르니 그리기 전에 선의 굵기를 먼저 정해 놓아야 해요.

How to 원하는 브러시를 고른 후, 브러시 두께를 정한 뒤 [+]를 누르면 선 두께가 고정됩니다.

● 색상 팔레트 만들기

스티커에 사용할 기본 색상 팔레트를 뽑아 놓으면 그릴 때마다 일일이 색을 찾을 필요가 없어요.
HOW TO 색상 팔레트를 열어 상단의 [+]를 터치하고, [새로운 팔레트 생성]을 누르면 새 팔레트를 만들 수
있어요. [기본값으로 설정]한 후 사용할 색상을 아래 팔레트 칸에 터치하면 색상이 추가되고, 색상을 1초간 길게
누르면 삭제할 수 있습니다.

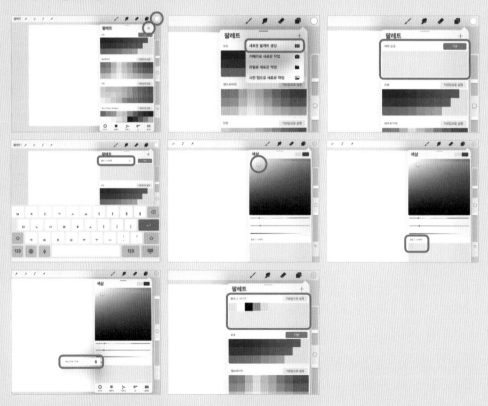

166

● 흰색 마무리

그림에 흰색이 들어가는 경우 흰색으로 꼭 칠해주세요. 흰색을 칠하지 않으면 투명으로 저장되어 배경색이 비치게 됩니다.

HOW TO 그림에 흰색이 들어가는 경우에는 레이어를 열어서 배경 색상을 꺼준 뒤 선 레이어 아래에 새 레이어를 만들어줍니다. 흰색을 칠한 뒤 [동작 > 공유 > PNG]로 저장합니다.

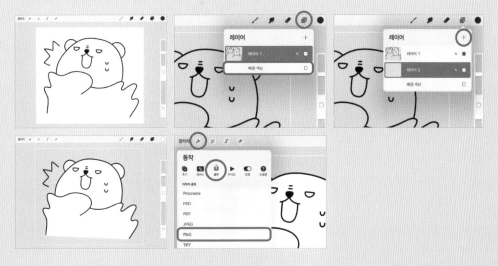

네이버 블로그 스티커

나만의 캐릭터를 만들어 네이버 블로그 스티커로 제작해 보세요.
제작 후 판매가 가능하고 정산도 받을 수 있습니다. 블로그 스티커는 블로그 포스팅에
많이 사용하기에 리뷰 혹은 감상용 스티커가 인기가 많습니다.

스티커 제작 전 알아두기

네이버 블로그 스티커는 네이버의 블로그 및 카페에서 글 작성 시 사용할 수 있는 스티커입니다. 아이패드만으로 제작 및 제안까지 가능하고 심사 기간이 상대적으로 짧아(대략 2주) 도전하기 좋아요. 판매금은 제작자와 사이트가 7:3으로 정산됩니다.

OGQ 크리에이터 스튜디오는 스티커와 음원 등 다양한 콘텐츠를 판매할 수 있는 사이트입니다. 별도의 회원가입이 필요합니다. 스티커는 움직이는 '애니메이션 스티커'와 움직이지 않는 '스티커' 두 종류를 만들 수 있어요.

제작 과정

제작 가이드

제작 종류	제작 사이즈(px)	파일 제작명
스티커 이미지	740×640	1.png~24.png
메인 이미지	240×240	main.png
탭 이미지	96×74	tab.png

공통 사항
- 총 스티커 24개, 72dpi, RGB, 각 1MB 이하.
- 스티커 배경은 투명으로 해주세요.
- 여백은 가급적 없도록 캔버스에 크게 그려주세요.
- 글씨가 있는 경우 가독성 있게 그려주세요.
- 애니메이션 스티커: 스티커 이미지 파일 저장명 1.gif~24.gif / 프레임 수 각 100 이하.

네이버 블로그 스티커 만들기

스티커 이미지

❶ 스티커 24개를 만들어볼게요.

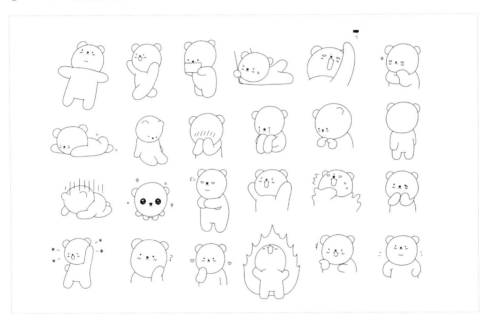

❷ [740×640px, 72dpi / RGB > sRGB IEC61966-2.1] 설정으로 새 캔버스를 만들어주세요.

❸ [스케치 > 6B 연필]로 스케치를 합니다.

❹ 레이어의 레이어 블렌드 모드(N)를 열어 불투명도를 30%로 낮춰주세요.

❺ 이제 테두리 선을 그릴 브러시를 복제한 뒤 선의 굵기를 고정할게요. [서예 > 모노라인 브러시]로
그리겠습니다. 선택한 브러시를 왼쪽으로 밀어 [복제]해 주세요.

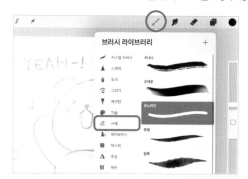 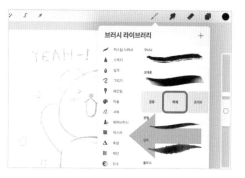

❻ 복제한 브러시를 한 번 터치하여 [브러시 스튜디오]로 들어가 [StreamLine > 최대]로 설정하고, [속성]으로 들어가 [브러시 최대, 최소 크기]를 2%로 설정했어요. 그 다음엔 [이 브러시에 관하여]로 들어가 이름을 [블로그 스티커]로 바꿔주었어요.

❼ [블로그 스티커] 브러시가 완성되었습니다. [+]를 눌러 새 레이어를 만들어주세요.

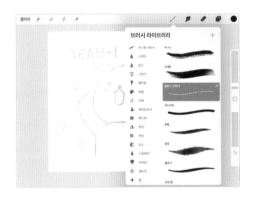

❽ 화면을 확대하여 스케치를 따라 글씨와 색으로 칠할 볼터치를 제외한 라인을 그려주었어요.

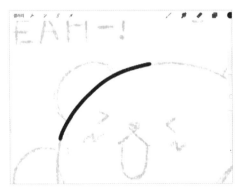

❾ 이제 레퍼런스 기능을 이용해 스티커 색을 칠할게요. 선을 그린 [레이어 2]를 한 번 터치하여 레이어 옵션 중 [레퍼런스]를 선택하고, 새 레이어를 만들어 레퍼런스를 적용한 레이어(레이어 2) 아래로 이동시킵니다.

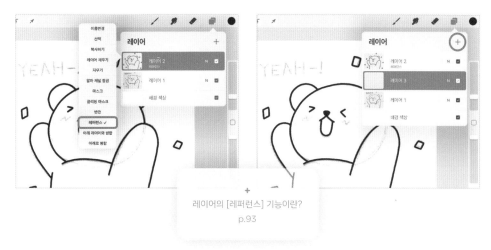

레이어의 [레퍼런스] 기능이란?
p.93

❿ 색을 선택하여 이어진 선 안으로 드래그하여 색이 채워져요.

컬러 드롭
P.73

참고로 선이 이어지지 않은 부분에 컬러 드롭으로 색을 넣으면 캔버스가 전부 칠해지니 이런 경우엔 면적이 넓은 브러시로 직접 칠해주세요.

⑪ 곰돌이의 바탕이 마무리되면 디테일한 작은 요소들은 새 레이어를 만들어 작업해 주세요. 나중에 부분 수정이
필요한 경우에 편리하답니다.

⑫ 색을 모두 칠해주었으면 이제 [텍스트 추가] 기능으로 그림에 글씨를 써보려고 해요. [동작 > 추가 >
텍스트 추가]를 선택하면 화면에 키보드가 생겨 글씨를 쓸 수 있습니다.

⑬ 상단의 [변형]을 선택하여 글씨의 모서리 부분을 잡고 늘이거나 줄이면 글씨 크기를 변경할 수 있고, 글씨
위치를 옮길 수 있어요.

⓮ 수정을 원한다면 레이어 창을 열어 텍스트 레이어를 선택하세요. 화면 아무 부분이나 터치하면 키보드가 활성화가 됩니다. 여기서 글씨 부분을 두 번 터치하면 상단에 옵션 창이 나오고 설정한 글씨체 부분을 한 번 더 터치하세요.

⓯ 글씨체를 바꾸거나 자간 조절 같은 디테일한 부분을 변경할 수 있어요. 끝나면 [완료]를 눌러주세요.

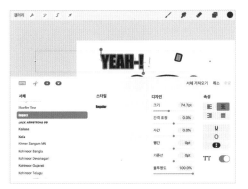

⓰ 레이어 창을 열어 스케치 레이어(레이어 1)가 보이지 않게 설정하면 두 팔을 벌리고 환호하는 코코의 블로그 스티커가 완성이 되었어요.

⓱ 저장할 때는 [배경 색상]을 안 보이게 끄고, [동작 > 공유 > PNG]로 선택해 주세요.

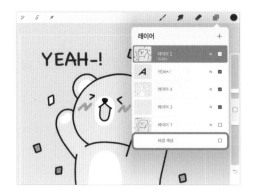 

⓲ 블로그 스티커는 파일명을 [1.png~24.png]로 저장해야 하니 아이클라우드에 폴더를 하나 만들어서 이름을 바꿔 저장하겠습니다. [파일에 저장]을 눌러주세요.

⓳ iCloud Drive에 [+]를 눌러 [블로그 스티커] 폴더를 하나 만들고 파일명을 적는 부분을 눌러줍니다.

20 스티커 파일명을 [1]로 바꾼 뒤 [완료]를 누르고, [저장]을 눌러주세요.

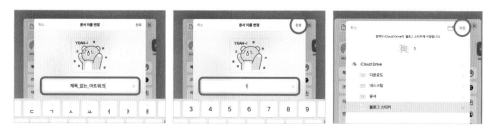

21 스티커 24개를 같은 방식으로 만든 후에 폴더에 순서대로 저장을 해주세요.

메인과 탭 이미지

❶ 블로그 스티커는 제안할 때 '메인'과 '탭' 이미지도 함께 만들어 업로드해야 합니다. 메인부터 만들어볼게요.
[240×240px, 72dpi / RGB > sRGB IEC61966-2.1]의 새 캔버스를 만들어주세요.

❷ 메인 이미지를 그린 후 레이어를 열어 [배경 색상]을 끄고 [동작 > 공유 > PNG]를 선택하세요.

❸ 스티커와 동일하게 [파일에 저장]을 선택한 뒤 [iCloud Drive > 블로그 스티커] 폴더에 [main] 이름으로
저장해 주세요.

④ 마지막으로 탭 이미지를 만들어볼게요. [96×74px, 72dpi / RGB > sRGB IEC61966-2.1] 캔버스를
   만듭니다.

⑤ 탭 이미지를 그려준 뒤, 레이어를 열어 [배경 색상]을 꺼주고 [동작 > 공유 > PNG]로 선택해 주세요.

+
탭 이미지는 매우
작은 크기이기 때문에
캔버스를 크게
확대하면 깨져 보여요.

⑥ 역시 동일한 방법으로 [파일에 저장]을 선택 후 만들어놓은 [블로그 스티커] 폴더에 이름을 [tab]으로 저장해
   주세요.

네이버에 스티커 제안하기

① OGQ 크리에이터 스튜디오(creators.ogq.me)로 들어가 로그인합니다.

OGQ
크리에이터 스튜디오 링크

QR 코드 위에 아이패드 후면
카메라를 올리면 해당 링크로
이동합니다.

② [대시보드]에서 스티커 판매 현황을 한눈에 볼 수 있어요. [콘텐츠 업로드] 버튼을 클릭합니다.

③ 멈춰 있는 스티커는 [스티커]로 들어가 주세요.

❹ 제안서 칸을 모두 채운 뒤 [업로드 하기]를 눌러주면 심사로 넘어가 등록합니다.

❺ 아이클라우드에 저장한 그림은 [탐색]으로 들어가 [iCloud Drive]에 있는 [블로그 스티커] 파일로 들어가서
불러오세요.

⑥ 심사에 승인이 되면 OGQ 크리에이터 스튜디오에서 직접 만든 블로그 스티커가 OGQ 마켓 (ogqmarket.naver.com)에서 판매됩니다.

Q 그림을 아이클라우드 외에 다른 곳에 저장하고 싶어요.
A 프로크리에이트는 아이패드 사진첩, 아이클라우드 외 '구글 드라이브'에도
　저장할 수 있습니다.

① 스티커를 [동작 > 공유 > PNG > 이미지 저장]으로 아이패드에 저장합니다.

② 앱스토어에서 'Google 드라이브'를 다운로드해 주세요.

③ 파일로 들어가 [+]를 눌러 새 폴더 [블로그 스티커]를 만들어주세요.

④ [블로그 스티커] 폴더에서 [+]를 누르고 [업로드 > 사진 및 동영상]을 누른 뒤
저장한 그림을 불러옵니다.

⑤ 파일 명 옆 [⋯] 아이콘을 누르고 [이름 바꾸기]를 누른 뒤 [1.png]로
저장합니다. 주의: 확장자는 PNG가 아닌 소문자 png로 바꿔주세요.

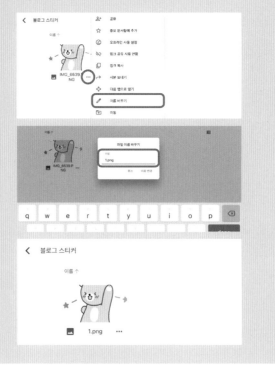

⑥ 스티커 업로드할 때 [탐색]을 누른 후 [Google Drive]로 들어가서 저장한
스티커를 불러와 주세요.

⑦ 만약 위치에서 [Google Drive]가 보이지 않는다면 상단의 […] 아이콘을
누르고 [사이드바 편집]을 선택한 뒤 [Google Drive]를 오른쪽으로 밀어
활성화한 후 [완료]를 누르면 구글 드라이브를 볼 수 있어요.

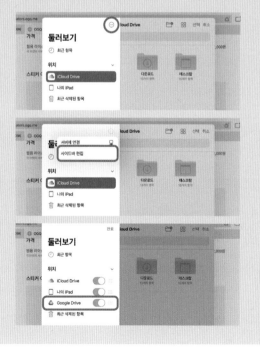

카카오 이모티콘

카카오 이모티콘은 카카오톡에서 사용할 수 있는 이모티콘이에요.
내가 그린 캐릭터를 대화 창에 사용할 수 있음은 물론
국내외 카카오톡 사용자들에게 판매할 수 있어서 인기가 좋아요.

이모티콘 제작 전 알아두기

카카오 이모티콘은 경쟁률이 높고 심사 승인이 매우 어렵습니다. 제작 기간도 길지만, 심사 기간이 대략 한 달 정도 됩니다. 아이패드로는 심사 요청까지만 가능하고 승인이 되면 상품화하는 과정에서 포토샵이 필요해요. 명확한 콘셉트가 있는 이모티콘일수록 결과가 좋아요. 심사 결과는 메일 혹은 카카오 이모티콘 스튜디오에서 확인이 가능합니다.

카카오 이모티콘 스튜디오에 접속하여 [제안 가이드]를 살펴보세요. 원하는 이모티콘 종류에 따라 개수, 사이즈가 다르니 꼼꼼히 주의사항을 읽어보세요.

제작 과정

제작 가이드

제작 종류	제작 사이즈(px)	파일 제작명
멈춰 있는 이모티콘	360×360	총 PNG 32종
움직이는 이모티콘	360×360	총 24종: PNG 21종, GIF 3종
큰 이미지	540×540, 540×300, 300×540 (3가지 타입 중 택 1)	총 16종: PNG 13종, GIF 3종

주의 사항
- 72dpi, RGB 모드로 제작.
- 멈춰 있는 이모티콘은 1개당 150KB 이하로 제작, 움직이는 이모티콘은 1개당 2MB 이하로 제작.
- '움직이는 이모티콘'과 '큰 이미지'는 움직이는 파일 확장자인 GIF로 제작해야 하지만, 카카오 스튜디오에서는 심사용으로 GIF 파일 3개, 나머지 그림은 PNG 파일로 접수를 받습니다. 승인 후에 PNG 파일은 모두 GIF로 제작해야 합니다.
- GIF 이미지는 24프레임 이하로 제작.
- 여백은 가급적 없도록 캔버스에 크게, 글씨가 있는 경우 가독성 있게 그려주세요.

애니메이션 어시스트 기능 연습하기

프로크리에이트의 [애니메이션 어시스트] 기능을 둘러보면서
움직이는 그림인 gif를 만들어보겠습니다.

❶ [동작 > 캔버스 > 애니메이션 어시스트]를 오른쪽으로 밀어 활성화하면 캔버스 아래에 재생 창이 생겨요.

❷ 연습용 그림을 그려준 후 다음 그림을 그리기 위해 [프레임 추가]를 누르면, 새 프레임이 생기면서 기존에 있던 레이어의 불투명도가 흐릿해져 다음 그림을 이어 그리기 좋습니다.

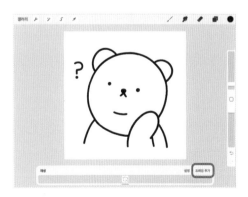 

❸ 레이어 창을 열면 [레이어 1] 위에 [프레임 2]라는 새 레이어가 생겼습니다. 애니메이션 어시스트 기능에서는
　레이어 창에서 레이어 추가 [+]를 해도 프레임이 추가됩니다.

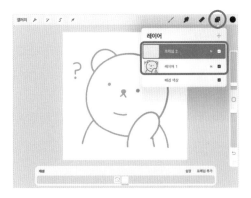

❹ 흐릿해진 첫 번째 그림 위로 고개가 오른쪽으로 살짝 기운 모습의 곰돌이를 그려주었습니다. [재생]을 누르면
　움직이는 모습을 볼 수 있습니다.

❺ 설정에 들어가서 [초당 프레임]을 조절하면 모션의 속도를 줄이거나 빠르게 할 수 있어요. 초당 프레임 숫자가
　적어지면 모션 속도가 느려지고, 숫자가 많아지면 모션 속도가 빨라집니다.

카카오 이모티콘

❻ 모든 프레임에 같은 배경을 넣을 수 있는 기능도 있습니다. [프레임 추가]를 눌러서 프레임을 새로 만들어
배경을 그려주세요. 배경을 그린 프레임을 한 번 터치하여 [프레임 옵션] 창을 열어주세요. [전경]을 오른쪽으로
밀어서 활성화하면 배경 프레임이 전체 프레임에 적용됩니다.

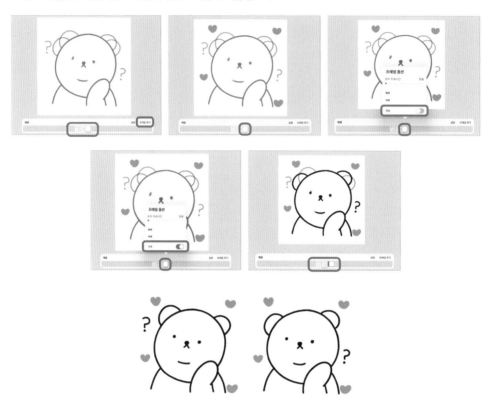

❼ 프레임을 한 번 터치하면 나오는 [프레임 옵션] 창이나 레이어에서 프레임 삭제 혹은 복제가 가능해요.

3장. 나만의 콘텐츠로 굿즈 만들기

❽ 영상의 진행 순서는 [설정]에 들어가서 선택할 수 있어요.

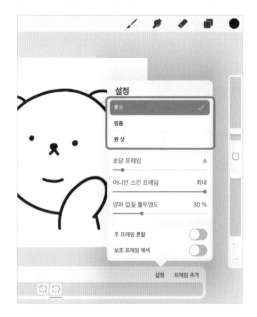

[루프]는 첫 번째 프레임부터 끝 프레임까지 갔다가 다시 첫 번째 프레임부터 영상이 무한 반복되는 것이에요.

[핑퐁]은 첫 번째 프레임부터 끝 프레임까지 갔다가 거꾸로 영상이 무한 반복됩니다.

[원샷]은 첫 번째 프레임부터 끝 프레임까지 한 번으로 영상이 끝나게 됩니다.

❾ [보조 프레임 채색]을 활성화하면 현재 선택된 프레임 외에 다른 프레임이 구분하기 쉽도록 다른 색으로 보여져요. 실제 선 색이 변하는 건 아니니 안심하세요. 첫 번째 프레임이 붉은색으로 변한 걸 볼 수 있어요.

카카오 이모티콘

❿ [양파 껍질 불투명도]를 조절하여 다른 프레임 불투명도를 연하게, 혹은 진하게 변경할 수 있어요.

⓫ [주 프레임 혼합]을 활성화하면 지금 선택한
   프레임도 다른 색으로 변경이 돼요.

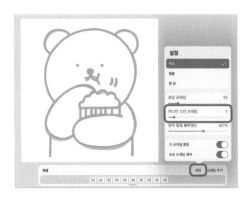

애니메이션 기능에 있는 '어니언 스킨'과
'양파 껍질'은 하나의 움직이는 그림을
이루고 있는 겹겹이 쌓인 프레임을 말해요.

⓬ [어니언 스킨 프레임]은 프레임 수가 많을 경우 현재 화면에서 보여지는 프레임 수를 조절할 수 있어요.

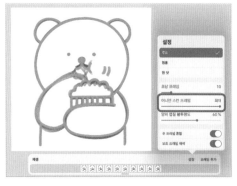

움직이는 이모티콘 만들기

① [360×360px, 72dpi / RGB > sRGB IEC61966-2.1]의 캔버스를 만들어주세요.

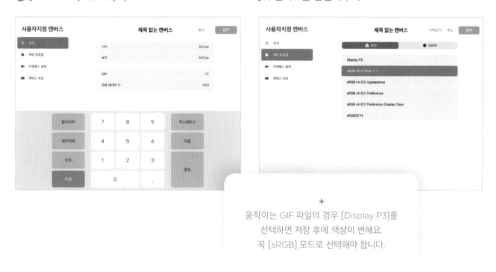

+
움직이는 GIF 파일의 경우 [Display P3]를
선택하면 저장 후에 색상이 변해요.
꼭 [sRGB] 모드로 선택해야 합니다.

② [동작 > 캔버스 > 애니메이션 어시스트]를 켜주세요.

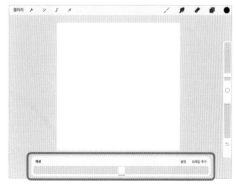

❸ 스케치를 해주세요. 예제 브러시는 [스케치 > 6B 연필]을 사용했습니다.

❹ 움직임을 어떻게 할 것인지 구상해 주세요. 예제에서는 팝콘을 집어 먹는 곰돌이를 그려보겠습니다. 손으로 팝콘을 집어서 입에 넣고 오물거리는 움직임을 표현했어요.

❺ [프레임 추가]를 누르면 새 프레임이 생기면서 스케치가 불투명해져요. 그 위로 선을 따라 그려주세요. 브러시는 [서예 > 모노라인 브러시 > 2%]를 사용했습니다. 선을 모두 그려주세요.

❻ [프레임 옵션]에서 스케치 프레임을 [삭제]를 눌러 지워주세요.

❼ [프레임 추가]를 눌러서 새 프레임을 만들어주세요.

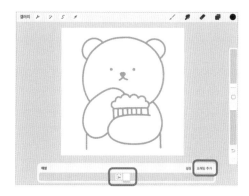

❽ 두 번째 프레임을 그려주세요. 움직임이 없는 부분이더라도(ex. 머리, 몸통 부분) [복제]하는 대신 새로 따라 그려주면 좀 더 살아있는 듯한 느낌의 그림이 돼요.

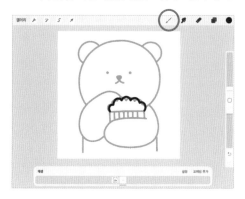 

❾ [프레임 추가]를 하면서 같은 방법으로 그림을 한 프레임씩 그려주세요. 총 10개의 프레임으로 팝콘을 먹는 곰돌이를 표현해 보았어요.

❿ 이제 색을 칠해볼 거예요. 레이어 창을 열어서 첫 번째 프레임만 남겨두고 다른 프레임은 보이지 않도록 꺼주세요. [+]를 눌러 레이어(레이어 11) 추가한 뒤, 첫 번째 프레임 아래에 드래그해서 옮겨주세요.

⓫ [프레임 2]와 [레이어 11] 을 오른쪽으로 밀어 함께 선택한 후 [그룹]을 눌러서 그룹으로 묶어주세요.

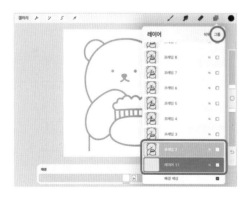

⓬ [프레임 2]를 한 번 터치하여 나오는 옵션 중에서 [레퍼런스]를 선택한 후 [레이어 11]을 선택합니다.

⓭ 색상에서 알맞은 색을 선택한 후 선이 연결된 부분에는 컬러 드롭으로 색을 채워주면 편리해요.

⓮ 첫 번째 프레임이 색칠까지 완성이 되었어요. 같은 방법으로 10개의 프레임에 색을 칠해주세요.

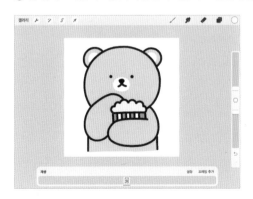

⓯ 프레임이 모두 완성이 되었으면 [설정]을 눌러 [초당 프레임]으로 모션의 속도를 조절해 주세요.

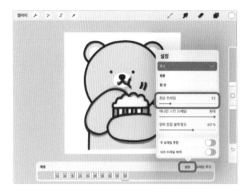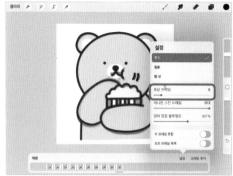

⓰ [재생]을 눌러서 움직임을 확인할 수 있어요.

⓱ [동작 > 공유 > 움직이는 GIF]를 눌러서 [내보내기]로 움직이는 그림을 저장할 수 있어요.

3장. 나만의 콘텐츠로 굿즈 만들기

⑱ 팝콘을 먹는 곰돌이 그림이 완성되었어요.

⑲ 카카오 이모티콘에 제안할 때 총 24개의 이미지 중 움직이는 GIF 파일은 흰 배경으로 3개로 만들고, 나머지 21개는 배경이 없는 PNG 파일로 저장해야 해요. PNG 파일은 레이어창을 열어 [배경 색상]을 안 보이게 꺼주세요. [동작 > 공유 > PNG]로 저장해 주세요.

카카오에 이모티콘 제안하기

카카오 이모티콘 스튜디오(emoticonstudio.kakao.com)에서
직접 만든 이모티콘을 제안할 수 있어요.

❶ [카카오 이모티콘 스튜디오]로 접속해 [제안 시작하기 > 움직이는 이모티콘 제안하기]를 눌러주세요.

카카오
이모티콘 스튜디오 링크

QR 코드 위에 아이패드 후면
카메라를 올리면 해당 링크로
이동합니다.

❷ [이모티콘 정보]의 필수 입력사항을 모두 적고 [제출하기]를 누른 후 심사 결과를 기다립니다.

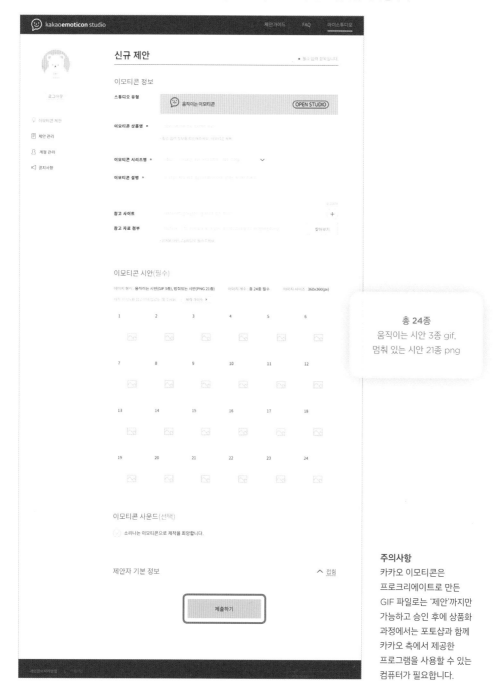

주의사항

카카오 이모티콘은
프로크리에이트로 만든
GIF 파일로는 '제안'까지만
가능하고 승인 후에 상품화
과정에서는 포토샵과 함께
카카오 측에서 제공한
프로그램을 사용할 수 있는
컴퓨터가 필요합니다.

프로크리에이트 기본부터 제작까지
아이패드 드로잉 굿즈 만들기

초판　1쇄 인쇄 2021년 2월 16일
개정판　1쇄 발행 2023년 9월 20일

지은이	김진하	**출판등록**	2011년 1월 6일 제406-2011-000003호
펴낸이	이준경	**주소**	경기도 파주시 문발로 242 파주출판도시 (주)영진미디어
편집장	이찬희	**전화**	031-955-4955
책임편집	김아영	**팩스**	031-955-4959
편집	김경은		
책임디자인	정미정	**홈페이지**	www.yjbooks.com
디자인	이 윤	**이메일**	book@yjmedia.net
마케팅	손동운	**ISBN**	979-11-91059-46-5 13000
펴낸곳	(주)영진미디어	**값**	19,500원